普华
PUHUA BOOKS

我
们
一
起
解
决
问
题

柔性生产计划管理

王文胜◎著

人民邮电出版社

北　京

图书在版编目（CIP）数据

柔性生产计划管理 / 王文胜著. -- 北京：人民邮
电出版社，2023.7
ISBN 978-7-115-61960-0

Ⅰ．①柔… Ⅱ．①王… Ⅲ．①生产计划 Ⅳ.
①F213

中国国家版本馆CIP数据核字(2023)第124230号

内 容 提 要

制造业是我国国民经济的主体，是强国之基。制造型企业的转型升级和跨越式发展的任务紧迫而艰巨，这些企业迫切需要建设柔性生产能力，而柔性生产计划管理又是其中非常重要的一环。

本书作者针对国内制造型企业的实际情况，并结合自身近 20 年的精益改善咨询服务经验，重点阐述了为什么要加强柔性管理，如何制订、执行和管控柔性生产计划，如何建设柔性生产能力，如何运行柔性生产计划的管理机制，以及管理信息化系统在柔性生产计划的制订和管控上如何协同应用等问题，为制造型企业提供了具体、深入的指导和建议。

本书可以助力制造型企业提升生产计划管理能力，为供应链管理人员、生产计划管理人员、生产车间管理人员，以及精益改善人员提供了一线实战指导。同时，本书也适合大专院校工业工程和生产管理等专业的学生阅读。

◆ 著　　王文胜
责任编辑　杨佳凝
责任印制　彭志环
◆人民邮电出版社出版发行　　北京市丰台区成寿寺路 11 号
邮编 100164　电子邮件 315@ptpress.com.cn
网址 https://www.ptpress.com.cn
北京虎彩文化传播有限公司印刷
◆开本：700×1000　1/16
印张：17.25　　　　　　　　　2023 年 7 月第 1 版
字数：280 千字　　　　　　　 2025 年 7 月北京第 7 次印刷

定　价：79.80 元
读者服务热线：（010）81055656　印装质量热线：（010）81055316
反盗版热线：（010）81055315

前言

制造业是我国国民经济的主体，是立国之本、兴国之器、强国之基。自改革开放以来，我国制造业持续高速发展，建成了门类较齐全的产业体系，有力地推动了工业化和现代化进程，显著增强了综合国力。然而，我国制造业在自主创新能力、资源利用效率、产业结构水平、信息化程度、质量效益等方面还存在着一些不足，转型升级和跨越式发展的任务紧迫而艰巨。生产计划管理是将客户需求和企业内部的制造资源进行有效衔接，是企业实现高效生产、准时交付、低成本、高收益的重要手段，也是企业转型升级和跨越式发展的重要战场。

笔者是20世纪80年代的工科大学生，参加工作已经30余年，曾在国企、跨国公司从事过技术、生产、信息化等管理工作并成为公司高管，而后进入精益咨询服务行业。在将近20年的精益咨询服务经历中，笔者曾指导和帮助汽车、电器、化工、装备制造等众多行业领域的制造型企业通过借鉴和应用国际先进的精益改造方法论、改善工具和技法，进行系统的精益改善活动，提升企业的生产运营能力和管理水平。这些企业在生产计划管理方面取得了不错的成效，笔者也因此积累了很多成功的经验。

本书旨在帮助客户实现从制造模式、管理模式到经营模式的系统转变，指导企业提升生产计划管理能力和水平。本书围绕生产计划，详细阐述了为什么要加强柔性管理，如何制订、执行和管控柔性生产计划，如何建设柔性生产能力，如何运行柔性生产计划的管理机制，以及管理信息系统在柔性生产计划的制订和管控上如何协同应用等问题。

　　本书的读者对象为制造型企业的供应链管理人员、生产计划管理人员、生产车间管理人员，以及精益改善人员。精益改善咨询服务类公司可以将本书作为柔性生产计划管理改善的参考书。本书还可作为大专院校工业工程和生产管理等专业学生的参考用书。

　　本书内容逻辑清晰、原理明确、流程健全、工具应用讲解翔实、应用图表丰富，可以帮助众多制造型企业活学活用，加强柔性生产计划管理，提高企业生产运营和管理水平，为中国制造型企业的转型升级和跨越式发展提供助力。

目录

第 2 章 柔性生产制造能力规划

第5章　柔性生产计划执行管控

第6章　柔性生产计划管理与管理信息系统的协同应用

第 1 章

生产计划制订方法

1.1　我国制造型企业生产计划管理的挑战和困难

制造业作为我国国民经济的主体，经过多年的快速发展，已经形成了门类齐全的产业体系，生产制造能力和规模在世界名列前茅。但是，我国的制造业自主创新能力不强，生产的高精尖产品不多，产品质量问题依然存在，生产效率和资源利用效率都偏低，产业结构也不合理，大多数产业尚处于价值链的中低端。

我国若要实现从制造业大国向制造业强国转变，就需要制造型企业在生产运营管理能力上产生"质"的飞跃。其中，生产计划的制订和管理是重中之重。如何更好地满足客户需求，应对客户各种需求变化对制造型企业的挑战，以及应该如何解决制造型企业内部生产运营和组织管理过程中暴露出来的各种问题，已经被纳入制造型企业的议事日程。

客户需求的多品种、小批量、个性化是制造型企业生产计划管理中遇到的最大挑战。在产品供不应求阶段，制造型企业处于支配地位，工厂生产什么产品，客户就只能购买什么产品，制造型企业一般采用大规模制造的生产方式，按照自己制订的生产计划进行生产资源的安排，生产出来的产品很快就可以卖掉，工厂在供销关系中处于主导地位。现在不同了，绝大多数企业的产品都是供过于求的状态，随着生产制造交付能力的提升，制造资源的丰富化和多样化，客户需求也发生了很大的变化，随着订单品种变得个性化、多样化，订单量也变得越来越小。这种需求的变化和我国绝大多数制造型企业现有的品种少、大批量生产的制造模式产生了严重的冲突，是我国制造型企业发展的拦路虎，需要企业下决心从根本上进行全面、系统的改善。

客户要求的交期越来越短且频繁调整，是制造型企业生产计划管理中遇到的又一项挑战。产品到了供过于求的时代，客户需求多样化，能够满足客户需求的制造资源也很丰富，使得客户在供销关系上处于主导地位，在产品质量有所保障的前提下对交期的要求也变得更高，即交期更短。随着客户需求的变化，订单的不确定性及其被频繁调整的情况也越发突出。我国制造型企业生产的提前期普遍很长，产品切换能力一般都较差，这种情形和客户短交期的要求产生碰撞，给企业带来了很大的挑战；同时，很多制造型企业当天都很难获知明确的客户订单信息，不知道应该怎么制订明天的生产计划，也不知道应该如何调配安排明天的生产资源，只能按照自己的预测来制订生产计划并组织生产。这会对生产组织造成很大的影响，生产管理部门每天都像"打仗"一样，要应付各种因调整生产计划而产生的问题，常常忙得焦头烂额，濒于崩溃的边缘。应对这项挑战对我国制造型企业生产计划的制订和内部资源的高效协同管理提出了更高的要求。

随着外部客户需求的变化对我国制造业形成挑战，制造型企业内部的困难也日益凸显，其中最大的一个困难就是"缺人"，主要体现在不容易招到合适的人员和作业者管理困难。随着我国人口出生率的下降，以及老龄化社会的快速到来，年轻力壮的劳动力市场资源掉头向下，进入了转折期。"90后"对工作收入、劳动负荷和工作环境的要求普遍较高，现在愿意进入工厂当工人的越来越少，很多工厂陷入一直招工还一直缺人的怪圈。而选择进入工厂成为一名作业者的年轻人，其思想非常活跃，自主意识很强，不愿意被管束，造成对这些工人的管理难度加大。如何招聘到合格的工人，如何管理好生产线上的作业者，解决"人荒"的困难，是摆在我国制造型企业各级管理人员面前的一大难题。

困扰我国制造型企业的另一大难题就是"缺料"。其实，我国制造业的门类是世界上最全的，各种产品的制造资源和能力非常强大，"缺料"并不是真的缺少物料，更多的是供应链管理和协同出了问题。作为制造型企业，每天生产计划的制订和现场生产组织就像一场"遭遇战"：车间生产线已经按照生产计划安排开线了，可生产线需要使用的物料还没有到达，仓库人员到处找物料，采购人员忙着打电话催物料，生产线上的作业者因为缺少物料不能作业，只能停工。即使调整了很多次生产计划，生产效率也非常低，仍然没有完成生产任务，准时交付更难以保障。究其原因，是供应商队伍建设和管理，以及仓储和物流管理业务混乱造成的，这也对生产计划的制订和产供协同改善提出了明确的要求。

1.2　生产计划管理遵循的内在逻辑

面对客户需求变化等各项挑战，以及企业内部运营的各种困难，制造型企业需要下定决心，从生产计划的合理制订和生产现场的有效管控方面进行全面、系统的改进。在推行这些改进工作时，制造型企业一定要了解和掌握生产计划的制订和管理的内在原理和逻辑，这样才能使后续的改进工作事半功倍。在这些规律中，需要重点关注的就是产销之间的关系。

1.2.1　产销特点对生产计划管理的影响

生产计划的制订和管理需要关注的首要关系就是产销关系。按照客户的需求，合理、高效地组织生产资源，安全、保质保量地交付产品是制造型企业运营管理的终极目标。关于产销关系是怎样的，它如何影响企业目标的实现，请看图 1-1 中的产销关系分析。

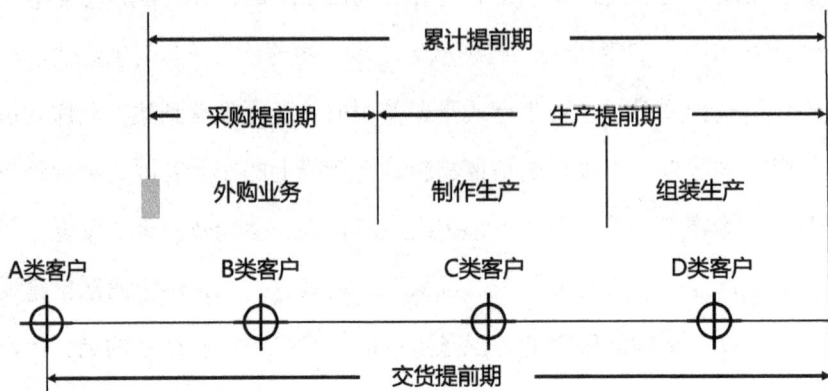

图 1-1　产销关系分析

在图 1-1 中，制造型企业的产品生产时间是零部件车间的制作时间与总装配车间的组装时间之和，我们将其统称为生产提前期。零部件车间和总装配车间对于其所需的原材料，要由客户发出采购订单，再请企业的供应商组织生产，然后送达企业仓库，以保证生产线的正常使用，这个外购业务时间被定义为原材料的采购提前期。采购提前期与生产提前期之和就是企业的累计提前期。从客户发出订单的时点到制造型企业交货时点，这段时间被定义为交货提前期。

根据客户要求的交货提前期的长短不同，企业可以将客户分为四种类型。

- A 类客户：这类客户比较从容，下单要求的交货提前期比企业的累计提前期长，留给企业购买原材料、制作和装配的时间都比较充足。

- B 类客户：这类客户有些着急，下单要求的交货提前期比企业累计提前短。其中，客户要求的交货提前期给企业留的制作和装配时间还算充足，但是原材料的采购提前期不足。

- C 类客户：这类客户着急拿到产品，客户要求的交货提前期比企业的累计提前期更短，不但原材料的采购提前期不足，而且零部件车间的制作时间也不足，只有总装配车间的组装时间可以满足要求。

- D 类客户：这类客户是急脾气，下单后希望马上拿到产品，企业的采购提前期和生产提前期全都不足。如果成品仓库里没有现货，企业不能马上交付，这类客户就会寻找可以马上交货的企业下订单。

A 类客户的产销关系分析

A 类客户给企业留的时间比较宽裕，企业原材料的采购提前期和生产提前期都可以满足。对于这类客户，制造型企业是非常喜欢的。因为客户要求的交货提前期足够长，所以企业在制订原材料采购计划、组织内部零部件和总装配车间的生产计划时就会比较从容。企业可以一边发出采购需求计划给供应商，请供应商提前做好策划和准备，但是不要立即投产；一边按照生产计划进行零部件和总装配车间的生产准备工作；同时和客户随时保持联系，及时了解客户的需求变化，然后决定是否进行调整及如何调整。当采购提前期的启动时点到达时，最后一次与客户进行需求确认，如果有变化还可以进行调整；如果没有变化，后续就要求供应商按照原材料采购计划开始生产和交货，零部件和总装配车间按照生产计划正常进行生产，在客户要求的交货时点，保质保量地完成客户订单。

在这种产销关系中，原材料仓库不用提前备库存，现场的在制品数量也很少，生产组织较顺畅，现场缺料、等待等异常情况较少发生，生产效率较高，成本也较低。同时，准时交付的服务水平较高，客户满意度也较高，是一个比较完美的准时交付的服务关系。

B 类客户的产销关系分析

B 类客户给企业留的原材料采购提前期不足，企业为了保证准时交付，只能提前预测客户会需要什么产品，制订销售计划，然后根据销售计划制订主生产计划，根据主生产计划制订采购计划，安排供应商提前生产，在原材料仓库中提前备好库存。在得到客户的实际订单后，按照产能合理制订零部件和总装配车间的生产计划，遵照生产计划组织生产和交付，保证完成生产任务。

在这种产销关系中，仓库会储备原材料，从而占用资金和仓库面积，原材料产生的各种库存成本会上升。如果根据预测准备的原材料的种类和数量符合要求，生产车间可以按照生产计划正常安排生产，生产现场的在制品数量不多，生产组织工作基本正常，生产效率有所保证，那么准时交付应该可以达成，客户满意度会较高；如果根据预测准备的原材料的种类和数量不符合要求，接到订单后没有适用的原材料，需要重新制订采购计划，那么不但外购时间没保证，实际业务延期，还会侵占零部件车间或者总装配车间正常的生产提前期。在这种情况下，对供应商追加下单，物料跟催，紧急调达，车间加班加点地赶工，各种异常情况频发，从而造成严重的计划调整等问题，生产效率会受到较大的影响，成本上升的同时还无法保证准时交付，整个生产运营工作容易陷入一片混乱。

C 类客户的产销关系分析

C 类客户给企业留的交货提前期更短，不但外购的时间不够，零部件车间的制作时间也不足。在这么短的时间内，企业要想保证准时交付，就需要提前预备原材料库存，同时还要根据预测提前准备半成品库存，等接到客户订单后，按照产能制订总装配车间的生产计划，按照生产计划组织总装配车间的生产工作，保证准时交付。

在这种产销关系中，原材料仓库和零部件车间都会提前准备库存，资金占用量会更大，仓库和零部件车间的场地会被大面积占用，各处的搬运情况会增多，搬运过程中的磕碰等质量问题也易发生，从而使库存成本更高。如果根据预测准备的原材料和半成品的种类和数量都符合要求，那么总装配车间可以按照生产计划正常组织生产，保证准时交付；如果根据预测准备的原材料和半成品的种类和数量产生偏差，那么就会使原材料仓库和零部件车间发生灾难，即客户不需要的物料在各处堆积如山，而客户需要的物料却没有库存。更大的挑战是，如果立即向供应商订货，那么外购时间和制作时间的滞后会对总装配车间的生产计划的执行造成很大的冲击，就算不计成本、加班加点地生产，也很难保证准时交付，从而导致客户满意度下降。

这种产销关系的不确定性大，采购计划和零部件车间的生产计划都是根据预测制订的，原材料和半成品库存都需要提前准备，各种库存损失成本很高，还有加班加点所造成的效率损失，最终能否准时交付不可控，客户的满意度会下降，所以这是一种比较脆弱的产销关系。

D 类客户的产销关系分析

从 D 类客户要求的交货提前期可以看出，其根本就没考虑制造型企业的各种准备提前期，没有给企业留出必要的采购提前期和生产提前期，这是一种非常强势的合作关系。制造型企业为了能够满足这类客户的要求，只能根据预测提前生产出成品放在仓库里，当收到客户订单时，必须马上发货，这样才能保证准时交付。主生产计划、采购计划、各个生产制造部门的作业计划只能根据预测提前制订，原材料库存、半成品库存和成品库存均需要提前储备。

企业如果预测正确，当收到客户订单时，马上就可以用库存交货，实现准时交付，客户的满意度会非常高。但同时也在变相地鼓励客户在下次下订单时提出交期更短的要求，这对企业的采购和生产系统会产生更大的挑战和压力。

企业如果预测错误，就会带来灾难。堆积的库存会占用企业资金，而客户订单中的物料和产品却没有库存，而且这么短的交期要求，以企业目前的外购和制造能力完全无法做到，后果要么是失去客户，要么是和客户沟通协调，将订单延期处理，而即便客户同意，也会严重影响客户满意度，最终影响后续的合作。

综上所述，四种产销关系的运作方式各有不同，需要的资源和能力也千差万别，最终的结果也是各有千秋。表 1-1 是四种产销关系的分析汇总，供读者对比、学习。

表 1-1　四种产销关系的分析汇总

产销关系序号	交货提前期和累计提前期	准时交付水平	客户满意度	计划方式			计划管理难易度	库存水平	成本情况
				采购计划	生产计划	装配计划			
1	长	高	高	订单	订单	订单	较容易	低	低
2	较短（采购提前期不足）	一般	一般	预测	订单	订单	较难	较高	较高

（续表）

产销关系序号	交货提前期和累计提前期	准时交付水平	客户满意度	计划方式			计划管理难易度	库存水平	成本情况
				采购计划	生产计划	装配计划			
3	短（采购提前期和生产提前期均不足）	低	低	预测	预测	订单	最难	较高	较高
4	很短（采购提前期、生产提前期和装配提前期均不足）	不确定	不确定	预测	预测	预测	最容易	很高	很高

1.2.2 "利特尔法则"给我们的启示

从表 1-1 中可以看出，四种不同的产销运作方式所产生的不同的经营和管理结果，核心问题是制造型企业的生产提前期过长。制造型企业的生产提前期由哪些时间构成？如何改进才能够缩短生产提前期？这需要我们了解"利特尔法则"给我们的启示。

约翰·利特尔（John Little）是美国麻省理工学院斯隆管理学院（MIT Sloan School of Management）的教授，他提出和证明了"利特尔法则"。"利特尔法则"指出，生产提前期由产品的加工时间和制造过程中物料的排队等待时间构成。"利特尔法则"中生产提前期的计算公式如图 1-2 所示。

40个在制品　　　　　　　　　**100个在制品**

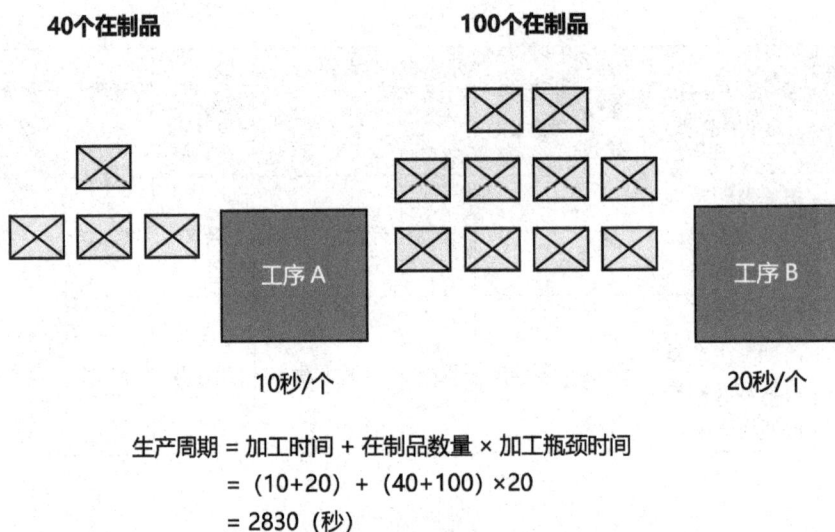

工序 A　　　　　　　　　　　　　工序 B

10秒/个　　　　　　　　　　　　20秒/个

生产周期 = 加工时间 + 在制品数量 × 加工瓶颈时间

= （10+20）+ （40+100）×20

= 2830（秒）

图1-2 "利特尔法则"中生产提前期的计算公式

　　缩短生产提前期的解决方案有两种：一种是提高生产能力，从而减少产品的加工时间；另一种是压缩生产现场的在制品数量，减少生产过程中在制品的数量，即物料的排队等待时间。减少产品的加工时间意味着需要增加投资，而受客户需求的限制，我们不可能在生产能力远远超过市场需求下还增加投资来缩短加工时间，所以通过投资来提高生产能力，从而缩短加工时间的方式是有限制的。减少生产过程中在制品排队等待的时间是随时可以进行的，故最有效地缩短生产提前期的方法就是通过减少在制品数量，即减少在制品排队等待的时间，从而缩短生产提前期，提升企业的生产制造体系的柔性和灵活性，从而更好地满足客户短交期频率变化的需要。

1.3　生产计划管理概述

面对客户需求，要想高效、合理地组织制造型企业的内部资源，按时、保质保量地交付，就需要在生产计划管理方面加强管理。那么，什么是生产计划管理？

1.3.1　生产计划管理的基本概念

计划是管理的首要职能。任何一项活动，只有在合理的计划下才能够良好地运行。生产计划管理是指企业对产品的生产制造活动进行的计划、组织和控制等一系列管理工作。狭义的生产计划管理是指以产品的基本生产过程为对象所进行的管理，包含生产计划与生产作业计划的假设、验证并最终制订等工作。广义的生产计划管理还包含产销的有效协同，产供的高效配合，企业内部生产能力的建设和核定管理，生产过程的高效组织执行，以及产品交付供应链全过程的规划、控制、检查、调整、优化等管理工作。狭义的生产计划管理和广义的生产计划管理在生产运营管理的广度和深度上有着天壤之别。它们的区别如图 1-3 所示。

编制计划（Plan）
执行计划（Do）
检查计划完成情况（Check）
制定改进措施（Action）

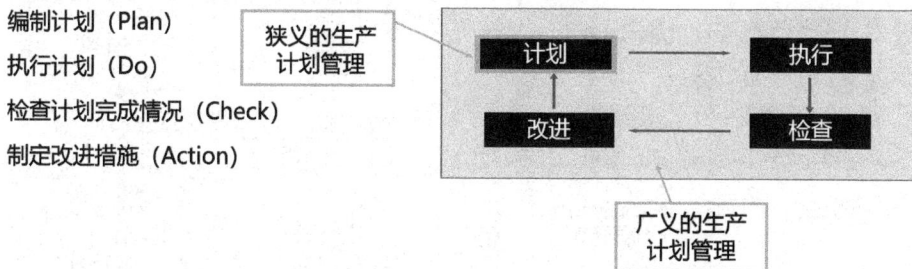

图 1-3　狭义的生产计划管理与广义的生产计划管理的区别

1.3.2　生产计划管理的内容

　　企业的生产制造资源是有限的，如何将有限的生产制造资源与客户需求更加合理、高效地进行对接成为最关键的问题。通过对生产日程计划的假设、模拟验证，制订生产作业计划，最终落实到企业资源的高效使用和运转，高质量、高效率地实现客户需求，最终体现在企业经营的高质量、高收益上，便是生产计划管理的内容。

　　生产计划管理是制造型企业的核心管理功能，管理内容包括公司 3～5年的经营战略规划，每年商业计划的分解、更新、评估、需求整合和咨询反馈的规程，生产计划的沟通与协同的管理流程和机制的高效运转，生产计划的排程假设和各种制造资源的模拟验证，以及最终形成的销售计划、生产计划和交货计划的输出。这些内容也是销售与运营计划（Sales & Operation Plan，S&OP）管理流程和机制的核心工作内容。它们之间的业务关联性如图1-4 所示。

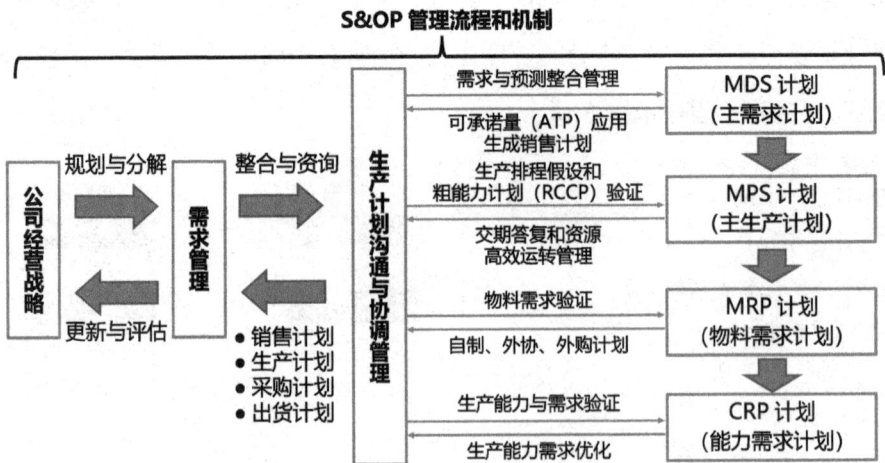

图 1-4　生产计划管理内容

生产计划管理的具体工作内容如下。

（1）产销协同

- 3个月销售预测计划的执行和管控。
- 定期获得销售预测和销售实绩[①]数据，并对相关数据进行趋势分析和应用。
- 及时获得客户需求和订单的变化与调整信息。
- 成品库存基准的建立、完善和管控。
- 根据销售预测和订单数据，并结合企业生产能力进行交付规划和生产计划的协同。
- 及时反馈销售订单交付等相关信息，做好产销协同的业务管控。

（2）产供协同

- 月别采购计划和交货计划的制订和管控。
- 基于采购实绩和供方信息的材料供给能力进行管理。
- 原材料库存基准的建立、完善和管控。
- 与供应商及时进行信息沟通和业务管控。
- 供应商队伍建设和管理业务的协同。

（3）生产能力的建设和把控

- 基于标准工时的生产能力管理。
- 基于工作实绩的设备、生产线、人员能力管理。

---

① 实绩代表实际的成绩。

- 对生产实绩进行月别、周别的把控管理。
- 建设以周为单位，生产能力可以依据订单波动 10% 以内的系统应对能力。
- 根据 3～6 个月后的生产计划来制定生产能力建设规划。

（4）负荷计划的管控

- 对库存制造、订单制造和均衡化制造这 3 个产品群进行区分管理。
- 对每个产品群进行模拟规划与调整功能管控。
- 对每个产品群进行负荷集中和拆分的业务管控。
- 对生产负荷进行均衡化管控。
- 每日对每班进行负荷优化和调整管控。

（5）计划变更的对应

- 每日对每班把握生产进度和实绩。
- 管理订单交期的先后顺序。
- 管理计划调整的规则和业务执行。
- 建设计划变更 1 小时内传达给相关人员的系统。

（6）生产提前期的管理

- 管理生产提前期基准。
- 每日进行生产提前期的确认和管理。
- 每月至少修改一次实际生产提前期。
- 实际生产提前期和基准生产提前期的差异（10% 以内）管控。
- 将最新的基准生产提前期应用在生产计划和调度管控中。

（7）S&OP 管理流程和机制的运转

- 年度销售规划、产品规划和资源需求规划管理。
- 订单评审管理流程和月别计划管控。
- 产供销资源的整体协同管控。
- 定期的产销协同会议。

1.3.3　生产计划管理的主要资源

制订、执行和管控生产计划主要就是高效、合理地规划和组织企业的各种资源，保质保量地生产出客户需要的产品，并准时交付到客户手中，满足客户使用的需求。那么，生产计划管理的主要资源有哪些?

- 人：生产现场直接作业人员，即相关的工艺、技术、设备维修保养、品控、计划、物流、仓储等各职能管理人员。
- 机：生产使用的各种直接加工设备、辅助作业设备和工厂设施设备等。
- 料：生产使用的直接物料、辅助物料和低值易耗品等。
- 法：生产制造产品的固有工艺技术和高效量产的现场管理联结技术等。
- 环：作业环境管理，特别是对作业环境有温度、湿度、洁净度和防静电等特殊要求的管理。
- 测：对制造的产品和生产过程进行检测的方法、仪器、工具和手段等进行的要素管理。

除了以上大家知道的人、机、料、法、环、测等资源的有效管理之外，还有一个核心的需要管理的资源就是"时间"。生产计划管理就是对时间的管理，如何在有限的时间内，将客户需求和制造型企业的人、机、料、法、环、测等资源进行有机、高效的匹配，满足客户的要求，是生产计划管理工作的重中之重。"时间"是制造型企业最核心、最重要的资源。

1.3.4 柔性生产计划管理

生产制造的核心是企业可以按照客户需求为内部资源做最佳规划，然后进行高效运营，实现最佳的经营和管理业绩，确保企业高效、永续地经营，为社会发展做贡献。那么，找到企业规划与运行的内在规律就非常重要，这个规律就是独立需求与相依需求的关系。

美国的约瑟夫·奥利奇（Joseph Orlicky）教授通过研究发现，构成产品的各种物料之间的需求属性是不一样的，进而发现了独立需求与相依需求之间的关系。独立需求就是客户对产品的需求，这种需求是由客户（市场）来决定的，公司不能自行确定，只能采用预测的方法进行管理，因此被称作独立需求。独立意味着制造型企业对这种需求在某种程度上的不可控性。

当产品的独立需求被确定下来后，组成产品所需的各种半成品和原材料的数量依照产品结构和各种物料的单耗均可一一详细推算出来。也就是说，各种半成品、原材料的需求数量均是由最终产品的需求数量来决定的，因此这些物料的需求被称作"相依需求"。物料的独立需求和相依需求的关系可以用物料清单（Bill Of Material，BOM）来展示。

根据独立需求确定半成品和原材料的需求后，就可以寻找生产半成品所需的设备、生产线和人员，并合理、高效地组织生产了。要想按照客户要求的交期、数量和质量要求高效、低成本地交付，就需要研究物流、标准工时、生产提前期和生产周期的规律和关系了；同时，原材料的需求要和库存管理、供应商交付和能力管理联系起来。所以，独立需求和相依需求实际上在生产计划管理的制订和管理上给我们提供了一种以简驭繁的方法。

柔性生产计划管理强调在日常生产计划管理的基础上提高生产计划制订和管理的灵活性、适应性。这种灵活性体现在客户端的具体要求如下：

- 产品个性化需求越来越多；

- 订单量越来越小；

- 要求的交货期越来越短；

- 需求还是随时有可能发生变化的。

在客户对灵活性的要求下，作为制造型企业，如何应对，特别是如何应用独立需求和相依需求之间的规律，在人、机、料、法、环、测等制造资源上如何加强应对也是柔性生产计划管理的重点，如图 1-5 所示。从制造型企业对内部资源的应对上需要发挥的作用如下：

图 1-5

- 生产作业人员的灵活应用；

- 应对客户需求波动的多套生产作业方案管理；

- 生产设备和生产线的灵活规划和管控；

- 缩短设备的换产时间，提高设备的换产能力；

- 物料的准时齐套性管控和周转效率提升；

- 多频次、小批量的物流搬运模式；

- 生产现场灵活布局规划；

- 计量检测手段的灵活性和多样性管理；

- 供应商灵活性协同管理优化；

- 月、周、日、班次、班别的生产作业计划的制订与管控；

- 及时、准确地扫描出入库、生产实绩管理等业务的现场信息化处理能力。

综上所述，柔性生产计划管理就是在满足外部客户灵活性要求的同时，将制造型企业内部的人、机、料、法、环、测等制造资源在单位时间内进行高效对接管理，是在越来越细的时间颗粒度下更好地服务客户的一种能力。

1.4　产能管理

制造型企业的一切生产活动都要按照生产计划来执行，生产计划管理是在客户需求与企业的生产能力之间进行平衡和匹配的管理过程。制造型企业的资源是有限的，将有限的资源应用在刀刃上是制造型企业生产计划管理的核心，搞清楚企业自身的生产能力是首先要进行的基础管理工作。

1.4.1　核定生产能力的重要性

正确地核定生产能力是企业做好经营决策的基础，也是企业实现低成本、高效率的经营目标的前提。生产能力建设分为长期、中期和短期，分别和企业的长期、中期和短期生产计划管理相对应。企业经营计划与生产计划和能力建设计划之间的关系如图 1-6 所示。

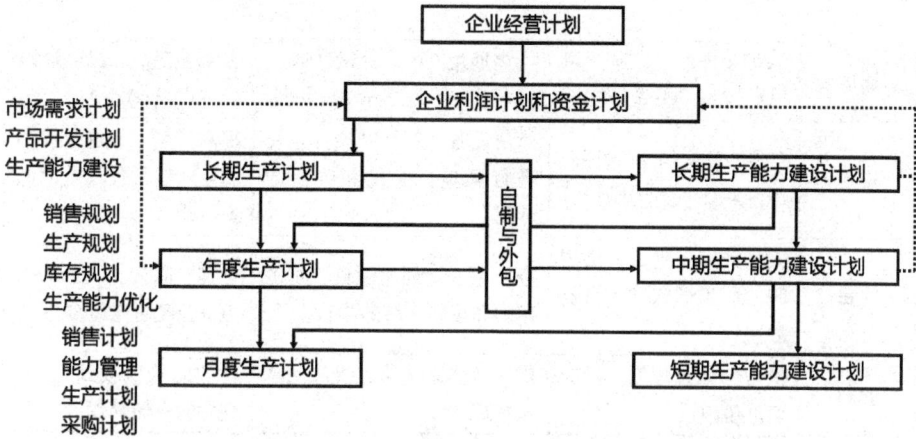

图 1-6 企业经营计划与生产计划和能力建设计划之间的关系

长期生产能力建设计划的跨度是 3 ～ 5 年，是围绕目标、设备、人员和物料等核心资源制订的计划；中期生产能力建设计划的跨度是 1 ～ 2 年，是围绕年度经营战略落地执行的核心资源建设的计划；短期生产能力建设计划的跨度是 1 ～ 3 个月，是针对生产资源进行优化和调整而制订的计划，重点是围绕客户需求的波动和变化，及时、灵活地协调和组织人员、设备、物料供应进行高效制造，从而保障准时交付和提高客户满意度。长期、中期和短期生产能力建设计划的具体工作内容如表 1-2 所示。

表 1-2 长期、中期和短期生产能力建设计划的具体工作内容

对比项目	长期生产能力建设计划 （3 ～ 5 年）	中期生产能力建设计划 （1 ～ 2 年）	短期生产能力建设计划 （1 ～ 3 个月）
目标	要与企业的经营发展规划相匹配	与企业的生产运营规划相匹配，提高生产资源的利用效率	满足客户需求，及时优化和高效地应用生产资源

（续表）

对比项目	长期生产能力建设计划（3～5年）	中期生产能力建设计划（1～2年）	短期生产能力建设计划（1～3个月）
设备	厂房、设施的建设计划，设备采购与改造计划	对新设备、新生产线的投资进行调整、优化和改造的计划	提高厂房、设施、设备和生产线的使用效率和灵活性
人员	人才开发规划、人员招聘、职工训练等人力资源规划	企业用工计划的制订，员工招聘和技能训练的推行	合理、高效、灵活的人力资源配置与运转
物料	供应链体系规划，供应商队伍建设	供应链体系优化，供应商队伍管理	精益的物流模式运用，高效的仓储管理

综上所述，生产能力建设和企业的中长期经营战略直接相关，是和企业的中短期生产计划相关联的核心管理内容，对更好地服务客户，高效地运用企业核心资源，实现企业低成本、高效率、高收益的经营目标，起着非常重要的作用。

1.4.2　核定生产能力的步骤

接到客户订单后，生产计划管理部门要根据单位时间内企业的生产能力进行能力和需求的匹配，这个匹配的过程就是制订生产计划的过程。生产计划要先落实到公司的整体层面上，然后分解到各个车间、各个部门；最终生产作业计划要明确下达到每条生产线、每个班组、每个机台，并落实到每个班次上。这个过程是自上而下的。因为要将生产计划有效落实到最终的生产线上，就一定要知道生产现场最小生产单位的生产能力，否则生产作业计划的落地执行效果就会大打折扣，所以生产能力的核定应该是自下而上进行的。需要核定的生产能力如下：

- 每个工位和每台设备生产不同产品的生产能力；

- 每条生产线生产不同产品的生产能力；

- 每个班组生产不同产品的生产能力；

- 每个车间和每个部门生产不同产品的生产能力；

- 整个公司生产不同产品的生产能力。

需要注意的是，对于不同的工位、设备所生产的相同或者不同的产品，均要进行生产能力的核定，这样才能够准确地把握生产现场的生产制造能力基准，为后续合理、高效地制订生产计划，保障计划落地执行做足准备。虽然初期的工作量会较大，但是作为生产计划管理的阶段性准备工作还是非常有必要的。

1.4.3　生产能力的综合平衡

生产制造过程作为一个组织过程，是有内在规律和逻辑的。在完成单个资源的能力核定后，需要将个体的产能按照一定的规则，形成小组、生产线、车间、部门的生产能力数据，最终形成公司的生产能力数据。在制订生产计划时，需要按照生产能力来进行生产安排的整体规划和把控，所以核定生产能力是一个综合平衡的过程。这个过程中的具体工作内容如下：

- 在进行生产能力核定时，生产工位或者设备中的瓶颈产能决定了每个生产班组、每条生产线的最终产能；

- 工艺决定了生产资源配置的先后顺序，工艺顺序中瓶颈生产班组、生产线决定了最终这个产品的车间和部门的生产能力；

- 整个公司的产能同样受到车间和部门的瓶颈能力的局限。

生产能力的综合平衡工作除了平衡制造资源以外，还要平衡以下辅助资源。

- 基本生产能力与辅助工序能力的平衡。辅助工序是指产品检验、物流搬运等。

- 基本生产能力与辅助生产能力的平衡。辅助生产能力是指提供动力、工具的能力及维修能力等。

- 生产能力与生产服务能力的平衡。生产服务是指物料供应、生产准备、技术准备等工作。

生产能力的综合平衡过程是把握企业最终产能的过程；也是企业通过识别资源瓶颈，提高有效产出的过程；还是识别非瓶颈资源的开动率，判断全部的产能投资是否将综合效益最大化的过程；同时也是为了企业全部资源的高效使用，进行整体产能优化和改进提升的规划和实施的过程。这项工作内容就是综合平衡生产能力的重大意义所在。

1.4.4　什么是标准工时

对生产能力进行具体核定的方法有以下两种。

- 实际结果核定法。它是根据一个阶段性单位时间内实际生产某些产品的结果来判定生产能力的方法。因为当一条生产线上生产不同规格的产品、各种作业条件不固定和生产过程中的各种异常发生时，会影响最终的生产结果数据，而且没有合理、有效的方法和工具能够修正数据，所以它是一种近似生产能力的核定方法，只能作为参考性的产能数据使用。

- 标准工时核定法。它是按照生产产品的标准工时进行产能核定的方法。它是目前比较合理、准确的生产能力核定的方法。

标准工时被定义为在标准的工作环境下，对生产物料进行一道工序加工所需的作业时间。它由工艺过程决定，是直接增加产品价值所耗用的人工／机器作业时间。

因为标准工时决定了标准生产能力核定的合理性和准确性，所以标准工时的测算和核定非常关键。

1.4.5 如何确定标准工时

确定标准工时需要分两步走：第一步是如何进行标准工时的测定，第二步是如何进行标准工时的核定。

标准工时的测定方法

（1）经验评估法

一般分为以下几种方法。

- 数据倒推法。一般是根据生产现场不同的生产线生产的产品数量和作业时间，通过每班生产日报表或者计件报表进行结果值的反算，得出不同产品、不同生产线的标准工时数据。

- 标准样板法。一般是针对没有实际量产过的产品，在没有前期的实际数据可以借鉴的情况时采用。在这种情况下，可以在新产品小规模试生产时采集生产数据，然后制定标准工时基准。

- 管理要求法。一般在标准工时管理比较规范的企业采用。这类企业会从公司、部门的管理要求上定期制定优化和缩短标准工时的目标，要求现场通过改善实现优化和缩短标准工时的目标。

（2）秒表测量法

一般分为以下几种方法。

● 直接秒表测量法。这种方法简单易操作，测量人员较容易上手，测时工作量也较大。因为对现场作业者直接进行作业测时，人为因素影响比较大，特别是在计件工资制度下，员工的工时和个人薪酬直接挂钩，所以测时的人为影响所造成的数据偏差会更大一些。

● 间接秒表测量法。它是直接秒表测量法的一种变形，是采用数字化的工具，即将员工的作业情况采用视频的形式录下来，再进行工作步骤的划分，识别出各个作业要素工时，核定出标准工时数据的方法。这种方法比直接秒表测量法在工时核定的方式、方法、工作量上有所进步，但是没有从根本上解决人为因素造成的工时测量不准的问题。

● 预置时间法（Predetermined Time System，PTS）。这种方法大概有 40 多种操作方式，如工作因素法（Work Factors，WF）、时间测量法（Methods of Time Measurement，MTM）、时间模特法（Modular Arrangement of Predetermined Time Standards，MODAPTS）等，它们基本属于同一类方法，就是先设定一个基本的要素时间单位（1MOD = 0.129 秒），然后将作业者的操作动作分解为抓取、放置、移动、转身等 21 个基本的作业要素，再根据这些要素的动作幅度及所需关注度的不同影响来设定标准工时的要素时间值。这种测时方法解决了作业者人为因素对测时准确性的影响，是一种比较有效和可靠的测时方法。但是这种方法对测时和动作分解的专业性要求是很高的，需要测时者进行专业的学习和长期的训练，这样才能把这个工具应用得比较熟练、高效。图 1-7 就是应用 PTS 法需要了解和掌握的基本作业要素管理图。

胳膊的移动性动作

1MOD = 0.129 秒

1 分钟 = 465 MOD

2.5 厘米 | 5 厘米 | 15 厘米 | 30 厘米 | 45 厘米

| M1 | M2 | M3 | M4 | M5 |

胳膊的终结性动作（抓取）

| G0 | G1 | | G3 (注意) |

胳膊的终结性动作（放置）

| P0 | P2 (注意) | | P5 (注意) |

身体及其他动作

| L1 | E2 (独) | D3 (独) | A4 (独) | W5 | R2 | F3 | C4 (独) | B17 | S30 |
| 重量 | 用眼 | 判断 | 加压力 | 走动 | 校正 | 脚踏 | 圆周 | 弯曲—站起（往返） | 坐下—站起（往返） |

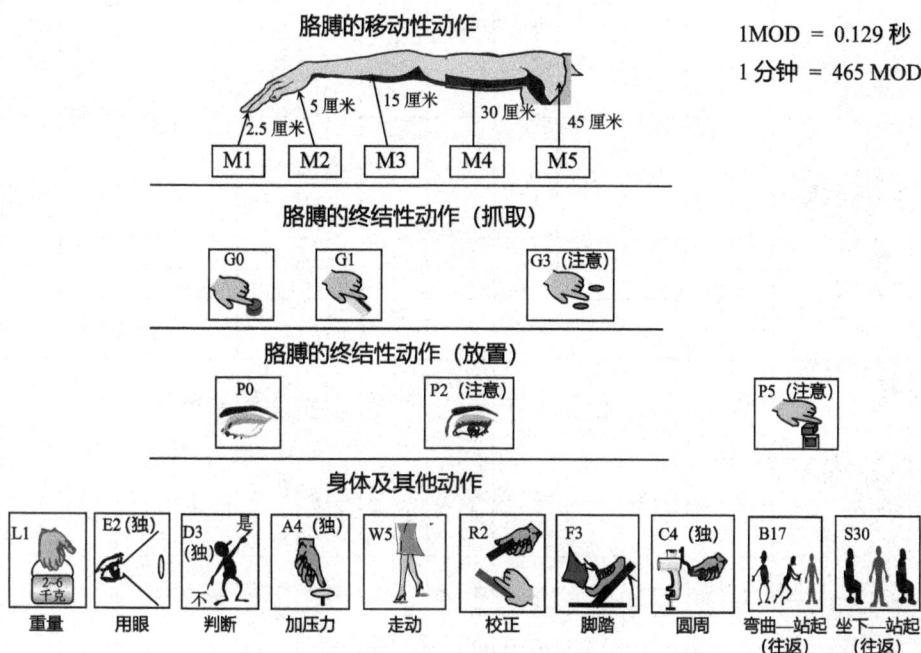

图 1-7 PTS 法：基本作业要素管理

在进行标准工时测定时，需要做好的准备工作如下：

- 测时对象是具有熟练作业技能的作业者；

- 测时环境是在标准作业条件下的；

- 在进行作业测时时，要求以正常的作业速度和标准的作业方式熟练作业；

- 作业测时要取得保质保量完成一定工作内容所需的作业时间。

进行工时测定需要使用的具体表单，请参见表 1-3 时间观测用表示例。

标准工时的核定方法

作业测时工作完成后，要输出测时数据，对这些数据进行归纳、总结和分析，最终确定一个合理、准确的标准工时，这是一个非常重要的过程。

表1-3 时间观测用表示例

编号	作业项目	1	2	3	4	5	6	7	8	9	10	11	12	13	14	15	作业项目时间（秒）	备注
1	从毛坯管里拿毛坯	0 / —	59秒 / 5秒	58秒 / 3秒	3分2秒 / 8秒	4分 / 6秒	5分 / 5秒	6分2秒 / 5秒	7分3秒 / 6秒	7秒 / 5秒	7秒 / 6秒	11秒 / 6秒					5	
2	走到1号机台	10秒 / 10秒	1分10秒 / 11秒	2分09秒 / 11秒	12秒 / 10秒	13秒 / 10秒	14秒 / 11秒	12秒 / 10秒	15秒 / 12秒	17秒 / 10秒	18秒 / 11秒	22秒 / 11秒					10	
3	放下毛坯到手持台	12秒 / 2秒	12秒 / 2秒	11秒 / 2秒	14秒 / 2秒	15秒 / 2秒	16秒 / 2秒	14秒 / 2秒	— / —	19秒 / 2秒	20秒 / 2秒	24秒 / 2秒					2	
4	打开机台门取下成品	20秒 / 8秒	20秒 / 8秒	20秒 / 9秒	23秒 / 9秒	25秒 / 9秒	25秒 / 9秒	23秒 / 9秒	26秒 / 9秒	26秒 / 9秒	30秒 / 9秒	33秒 / 9秒					9	8秒微调为9秒
5	用气枪吹扫夹具	25秒 / 5秒	25秒 / 5秒	25秒 / 5秒	28秒 / 5秒	31秒 / 6秒	30秒 / 5秒	28秒 / 5秒	32秒 / 6秒	31秒 / 5秒	36秒 / 6秒	38秒 / 5秒					5	
6	装夹毛坯	34秒 / 9秒	34秒 / 9秒	35秒 / 10秒	38秒 / 10秒	40秒 / 9秒	39秒 / 9秒	37秒 / 9秒	42秒 / 10秒	40秒 / 9秒	46秒 / 9秒	47秒 / 9秒					9	
7	关机床门并启动电源	38秒 / 4秒	38秒 / 4秒	38秒 / 3秒	41秒 / 3秒	43秒 / 3秒	42秒 / 3秒	41秒 / 4秒	45秒 / 3秒	44秒 / 4秒	49秒 / 3秒	50秒 / 3秒					3	
8	将成品送回完成品箱	50秒 / 12秒	50秒 / 12秒	50秒 / 12秒	52秒 / 11秒	54秒 / 11秒	53秒 / 11秒	53秒 / 12秒	57秒 / 12秒	56秒 / 12秒	10分1秒 / 12秒	11分2秒 / 12秒					12	11秒微调为12秒
9	走回到毛坯置前	54秒 / 4秒	55秒 / 5秒	54秒 / 4秒	57秒 / 5秒	58秒 / 4秒	57秒 / 4秒	57秒 / 4秒	8分02秒 / 5秒	9分01秒 / 5秒	5秒 / 4秒	6秒 / 4秒					4	
10																		
11																		
12																		
1个循环时间（秒）		—	61	59	63	61	59	60	65	59	64	61					59	

工序名称：OP10工序　时间观测用纸
观测日期：2022年3月28日　9:00—10:30
分解编号：1-1　观测者：张三

· 28 ·

在标准工时核定的过程中有两种不同的核算方式，一种是以美国泰勒的"科学管理原理"为代表的传统工业工程（Industrial Engineering，IE）的标准工时的核定方式，另一种是精益管理方式中对标准工时的核定方式。

精益管理方式是美国麻省理工学院的研究小组在对日本丰田汽车公司的生产管理方式进行调查研究后，对这种生产管理方式所赋予的名称。它是以最合理的投入取得最有竞争力的产出，并用最快的速度设计和生产产品，以最低的成本、合理的价格在市场上销售，以明显的竞争优势为客户提供全面、灵活、优质、丰富、满意的服务，并让最终成果落到企业的经济效益上。精益管理是企业获得高质量、高效率、低成本竞争优势的非常高效的管理方法，也是当今已被普遍认可的卓越的企业管理哲学。

精益管理和传统工业工程的标准工时的测定方法、手段基本上是一样的，但在对工时数据进行归纳、总结、提炼和分析，以及生成标准工时基准数据方面，思路和具体操作方法上有很多不同。

传统工业工程的标准工时核定过程是按照核定实际作业时间、核定评比因素影响、核定各种宽放时间等步骤来完成的，具体的核定方法如图 1-8 所示。

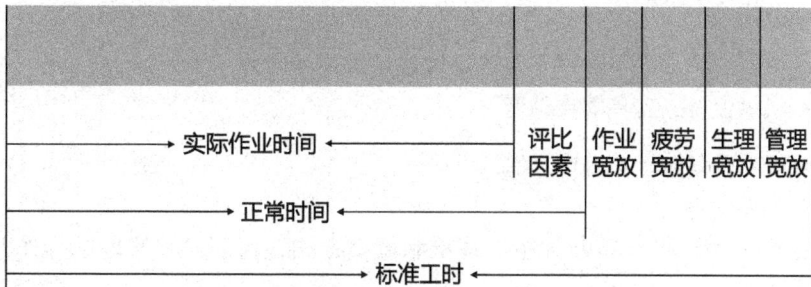

标准工时 = （实际作业时间 × 评比系数）×（1＋宽放系数）

图 1-8　传统的标准工时核定方法

精益管理与传统工业工程在标准工时的核定方式上有以下不同。

（1）确定基准工时的不同

传统工业工程的处理方式是，对于 5 ～ 10 个作业循环测出的工时数据，在剔除异常值后进行算术平均，然后取平均值作为工时基准数值。

精益管理的处理方式是，基于标准工时的制定是为了进行标准化管理，在作业标准的制定上要求先进性和前瞻性，所以在剔除 10 组以上作业循环中时间的异常值后，选择每个作业循环中可以重复出现的最短的作业时间，将其作为基准工时数值，以便充分体现出核定工时的先进性和标准的管理作用。

（2）评比因素使用的不同

传统工业工程的处理方式是，考虑作业者操作的时间可能比标准时间快，也可能比标准时间慢，所以要用"评比方式"配赋一个系数予以修正，调整动作快慢对标准时间的影响，实现不快不慢的"正常时间"。

其实，造成操作者作业时间差异的原因有很多，主要体现在以下几个方面：

- 操作者本身的灵巧程度；
- 由熟练程度所产生的学习曲线；
- 机械设备、工具的完善度；
- 操作的复杂度和困难度等。

这是一种以主观判断为主的评价和调整方法，目的是将实际的操作时间调整到正常速度的基准上。西屋法、速度评比法、客观评比法和合成平标化法等定量分析的方法可以减少人为判断所造成的偏差。因为核定工时是为了制定标准，而定量分析的方法是用核定出来的数据和已有的标准做对比，然后确定一个系数来调整实测值，是一种"骑马找马"的做法，所以在核定标准工时时是没有必要使用定量分析的。

精益管理的处理方式是，承认每位员工的作业能力都是不一样的，各个岗位的工作内容和作业条件也是不同的，作业的工时差异必然存在。在核定标准工时时要选择熟练的作业者，按照高效和合理的作业方式进行作业，核定的标准工时才能合理、准确。当作业者不能达到标准工时的要求时，班组长不要在标准上做调整，而要在现场进行作业指导并加强管理，缩短员工的学习曲线，提升作业的合理性和熟练度；同时，通过现场改善使用工装、夹具等低成本、自动化的方法来解决操作者作业困难、劳动负荷大等实际问题，而基本上不采用"评比"这种调整标准的方式来解决问题。

（3）各种宽放时间应用的不同

传统工业工程对宽放的定义是将作业疲劳、生理需求、外来事务的延迟、私事干扰等不可避免的因素加以一定系数的调整，酌情增加宽放时间，使标准时间的制定相对合理化的一种操作手段，具体包含生理宽放、疲劳宽放、作业宽放和管理宽放等。

针对生理宽放，传统工业工程的处理方式是，基于人性化管理理念，对于上厕所、擦汗、饮水等生理需要，需要在标准上留出宽放时间，一般会在正常时间的基础上增加3%～5%的宽放率。

针对疲劳宽放，对于因疲劳而使作业时间延迟，以及为消除疲劳而需要休息的问题，传统工业工程的处理方式是，按照不同的作业特点，根据个人经验分别给出不同的宽放系数来解决因作业疲劳所产生的问题，具体如下。

- 特种作业：30% 以上。
- 重作业：20% ～ 30%。
- 中作业：10% ～ 20%。
- 轻作业：5% ～ 10%。
- 特轻作业：0% ～ 5%。

针对生理、疲劳宽放问题，精益管理的处理方式是，根据劳动工学研究结论，作业者工作 2 小时后会疲劳，生产效率就会降低；同时，作业者也会有上厕所、喝水等生理需求，在这种情况下，作业者如果可以有 10 分钟左右的休息时间，就可以解决生理需求和疲劳等问题，休息后进入下一个生产时段，作业者仍会保持一个相对高效的状态。而且，随着规模化制造方式的普遍应用，对各个岗位作业者之间工作配合的要求越来越高，随意进出工作岗位对团队作业和效率提升会产生影响，所以精益管理对于作业者同时上岗和集中休息的要求是很明确的。

针对生理需求和疲劳影响等情况，精益管理不是在工时上宽放时间，而是在生产现场设立休息区，在出勤时间的设置和管理上保证每 2 小时的时间间隔安排员工统一在休息区歇息。这样既解决了员工基本的生理需求，也处理了因疲劳而造成的生产效率降低的问题，同时也保证了标准工时核定的合理性和准确性。

针对作业宽放，传统工业工程的处理方式是，对于准备作业之外，操作过程中发生的更换刀具、焊头，以及阶段性的换料箱、品质抽查等情况发生的作业偏差，需要单独给出作业宽放时间，宽放率一般为 3% ～ 5%。

针对作业宽放，精益管理的处理方式是，对于刀具、焊头等对产品质量和作业效率产生影响的作业因素，不能等到出现断折等异常情况时再进行更换和修磨。因为这会产生不良品，造成质量损失。另外，也可能会对设备和作业者造成额外的伤害。所以，在精益管理中需要对刀具、焊头等工具进行寿命管理。当加工或者焊接达到了标准的寿命次数时，就要主动停下来更换刀具、焊头，这样就可以对一些异常不可控的情况逐步实现标准化管理。在精益中，这部分工作内容被统一归类为附带作业管理。

精益管理方法要求在作业过程中将规律性地进行品质抽查、换料箱、换刀具、换焊头等附带作业内容单列出来，分别进行测时，然后将这些附带作业时间按照批量要求均摊到每个产品的作业循环时间（Cycle Time，CT）中，这样既考虑了这些附带作业所产生的影响，又合理地将这些影响转换为标准，比泛泛地不进行细化和区分，按照经验值进行宽放处理要科学得多，所以这是比较合理、准确的处理方式。

针对管理宽放，传统工业工程的处理方式是，在核定工时时，将班组开会、做5S清扫、可能出现的设备故障损失、停工待料损失等划分为管理宽放，一般按照3% ～ 5%的宽放率进行处理。在一些计件工资制的企业中，有一些岗位不容易招到操作者，可以通过增加管理宽放系数来调整工资，解决这类问题。

针对管理宽放，精益管理的处理方式是，不采用管理宽放时间的做法来解决这个问题。精益认为，在生产过程中，因为设备故障、品质问题、资材短缺、人员技能不足等异常问题的发生一定会影响生产任务的准时达成，影响生产效率，这些异常在管理中被定义为"墨菲"。针对发生的这些"墨菲"，把管理宽放时间给到每个产品显然不合理，也不现实。针对这个问题，精益管理的解决方法有两种。一种是在出勤时间的基准上想办法，规定在每天两个班次的出勤时间间隔上留出 2～4 小时的缓冲时间，以便生产班组可以通过加班来弥补由每个班组的各种异常"墨菲"所造成的产量损失，保证每个班组的生产任务都可以完成。

另一种是加强现场的精益班组管理，依托快速暴露问题和解决问题的机制来减少各种异常造成的损失，同时通过异常分析将根本问题暴露出来，以便后续进行改善，从根源上杜绝同样问题的再次发生。这种解决方法比简单地采用主观方式增加管理宽放时间更加有效，也更加合理。

综上所述，标准工时是企业制订生产计划和生产安排的时间管理基准，也是生产线作业者进行作业改善需要的基础资料。按照传统工业工程的标准工时核定方法，将现场日常管理中因作业不熟练及各种异常而损失的时间、生理需求耽误的时间和劳动过程中因疲劳而产生的损失时间等都划入管理标准中，将其变相地予以合法化，这在加强生产能力的管理上肯定是不科学的。我们要学习和应用精益管理的标准工时核定方法，合理管理和应用标准工时，为企业有效管理生产能力发挥出作用。

1.4.6　如何计算和核定生产能力

当我们按照精益管理的方式确定各道工序的标准工时后，就需要核定生产线的生产能力是多少了，能否满足客户准时交付的要求。那么，按照什么标准来判断生产线的生产能力能否满足客户准时交付的要求，这就需要了解和管理以下几个时间指标。

节拍时间（Takt Time，TT）是精益管理和改善的核心指标，计算公式如下：

$$TT = 每班有效工作时间 \div 每班客户需求数量$$

其中，每班有效工作时间是指在刨除了早晚班会、整理整顿时间、班间休息时间和午间吃饭时间后，每个班次中的生产线真正用于制造的工作时间；每班客户需求数量是将客户年度需求换算到每月、每周、每日，最终落实到每个生产班次需要准时交付的产量数。

- 作业循环时间（CT）是指作业者一人进行标准化操作时，毫不困难、最快地完成一个工作循环的实际作业时间，这个时间包括作业者在生产线中的步行时间，但不包括空手等待等被浪费的时间。
- 设备作业循环时间（Machine Cycle Time，MCT）是指使用加工设备对一个产品的物料进行加工的设备加工作业时间。
- 过程循环时间（Process Cycle Time，PCT）是指一个熟练的作业者按照合理的作业顺序，从头到尾加工生产出一个产品的全部作业时间，也是生产一个产品所需的工艺作业时间。

在了解了以上几个时间概念的基础上，再来了解如何核定生产线的加工能力。生产线的生产能力体现在设备和作业人员两个方面。

（1）计算设备生产线加工能力

设备生产线加工能力的计算公式如下：

$$生产能力 = \frac{每班标准工作时间}{作业完成时间 + 附带作业时间（切换时间 / 次 \div 切换个数 / 次）}$$

- 每班标准工作时间定为 8 小时，实际为 460 分钟（480 分钟减去上下午各休息的 10 分钟）。
- 作业完成时间 =CT+MCT。
- 附带作业时间 = 切换时间 / 次 ÷ 切换个数 / 次，附带作业包含定期更换刀具、产品质量抽检、更换物料箱等工作内容。

对设备或者生产线的生产能力进行核算的表单示例如表 1-4 所示。

在表 1-4"加工能力"一栏中可以看到整条生产线中瓶颈设备的产能，这台设备的产能决定了整条生产线的产能。用瓶颈工序的加工能力和客户需求数量进行对比，如果能够满足需求，就说明这条生产线的绝对产能可以满足客户准时交付的要求；如果不能满足需求，就必须采取各种改善措施，确保绝对产能符合客户准时交付的要求。解决产能不足的问题一般可以采用如下方法。

- 安排加班生产，延长生产时间来提高产量，满足交付要求。
- 对瓶颈工序安排外协加工，弥补产能缺口。但是外协加工会拉长生产提前期，对将来能否准时交付、满足客户准时交付的要求产生影响。
- 增加新设备，提高生产能力，但设备投资是重资产，需要非常慎重。
- 对作业中的上下料等手工作业及换刀等工作内容进行调整，缩短这些工作内容所占用的作业工时比例，提升产能，满足客户准时交付的要求。
- 采用新的工艺方法进行产品加工，比如使用新型刀具，调整加工速度，通过改变加工路线和顺序来缩短工时、增加产量、提升交付能力。
- 进行工艺优化，将瓶颈工序的一部分加工内容调到非瓶颈工序中加工，以此来缩短瓶颈工序的作业循环时间，提升产能，满足客户需要。

（2）计算作业人员的数量

考核以作业者手工组装操作为主的生产线的能力主要是核算需要多少名作业者才能够完成生产任务，计算公式如下：

$$纯作业人工数 = PCT \div TT$$

表 1-4　生产能力核定表示例

序号	生产能力核定			MB60-7935 油底壳					2022 年 3 月 28 日		制定人	审核人	确认人
		零件编号零件名称						生产线号			部门		姓名
	工序名称	机号	手工作业时间	自动加工时间	完成时间	刀具			1#		一车间		张三
						交换个数	交换时间	加工能力（个）			备注		
1	OP10	NF-013	11.9 秒	292 秒	304.1 秒	500	100 秒	90					
2	OP20	NF-015	18.7 秒	304 秒	322.9 秒	500	100 秒	85					
3	OP30	NF-127	17.1 秒	297 秒	314.3 秒	500	100 秒	87					
4	OP40	NF-097	14.5 秒	304 秒	318.7 秒	500	100 秒	86					
5	OP50	NF-096	15.8 秒	333 秒	349 秒	500	100 秒	79					

对于计算出的纯作业人工数，需要保留小数点后一位，以便将来通过改善为最终减少人工数量做准备。

除了计算纯作业人工数，还需要对附带作业时间需要耗用的人工数进行测算。作业人员的附带作业包括品质检查、更换物料箱、换刀、换产等工作，作业者在一个标准班次作业时间（460分钟）内发生的单次附带作业时间和频次需要单独进行数据统计，然后转化为附带作业人工数。

- 品质检查时间＝每标准班次检查次数 × 单次检查时间
- 更换物料箱时间＝每标准班次物料箱处理次数 × 单次处理时间
- 换刀时间＝每标准班次换刀次数 × 单次换刀时间
- 换产时间＝每标准班次换产次数 × 单次换产时间

附带作业人工数＝标准班次附带作业总时间（品质检查＋更换物料箱＋换刀＋换产）÷标准班次作业时间

（注：对于附带作业人工数的计算结果，需要保留小数点后一位。）

装配线的必要人工数＝纯作业人工数＋附带作业人工数

装配线的必要人工数是一个比较理想的状态，由于作业者在操作中存在作业偏差，人员作业分配上很难实现绝对的均衡，作业者很可能在标准班次内完不成生产任务而需要加班，所以在标准班次之间需要留有2～4小时的缓冲时间来解决各种异常和损失造成的影响，从而保障生产计划和任务的完成。

（3）代表产品生产能力核定法

当企业将一条生产线或者一个生产班组生产某种产品所需的设备和人员

的生产能力核算出来后，遇到该生产线或者生产班组分别可以生产多种产品，每种产品的作业工时又各不相同时，如何核定这条生产线或者生产班组的生产能力？当一个车间里有多条生产线或班组的制造作业工时各不相同时，如何核定这个车间的生产能力？如果一个公司有多个车间、多条生产线，那么如何核定这家公司的生产能力？这就需要了解代表产品生产能力核定法。

首先来看选择代表产品应该遵循的原则，主要包含以下几个方面：

- 该产品是企业的核心产品，代表企业的发展方向；
- 该产品在结构和工艺上具有典型性和代表性；
- 该产品是客户需求量较大的产品；
- 该产品是占用劳动工时量较大的产品。

然后进行各种产品的折算系数核算。当确定了企业的代表产品后，其他产品就需要按照一定的系数进行产能的折算，最终确定生产线或者生产班组、车间的综合产能结构。各种产品的折算系数就是每种产品和代表产品的标准工时之比。折算系数的计算公式如下：

折算系数 = 每种产品的标准工时 ÷ 代表产品的标准工时

代表产品生产能力换算表示例如表 1-5 所示。

表 1-5 代表产品生产能力换算表示例

产品名称 （代表产品）	生产能力 （个）	标准工时 （小时）	折算系数	代表产品生产能力 （个）
甲	320	40	1.0	320
乙	100	80	2.0	200

（续表）

产品名称 （代表产品）	生产能力 （个）	标准工时 （小时）	折算系数	代表产品生产能力 （个）
丙	250	20	0.5	125
丁	60	60	1.5	90
合计				735

1.5　主需求计划（MDS）

当企业完成了内部生产能力的核算，确定了生产能力基准后，就需要以市场部门和销售部门为主体对市场和客户需求的信息和数据进行分析，制订出 3～6 个月内合理、有效的营销计划，这个营销计划就是主需求计划（Master Demand Schedule，MDS）。

制造型企业的资源是有限的，如果销售部门接到的客户订单超出企业的生产能力，就不能满足客户准时交付的要求，就会影响客户的满意度，最终影响到企业的可靠性和信誉度，影响后续的市场推广和销售接单工作；如果销售部门接到的客户订单不能满足制造型企业的产能要求，就会发生企业开工率不足的情况，影响生产制造资源的高效运转，增加单位生产成本，减少利润，影响企业的市场竞争力。销售部门接单要适当，生产组织要准时、高效地交付，如此才能为企业创造更大的效益。要想将客户、市场需求和企业的生产资源、能力高效地匹配，就需要对市场和客户的需求进行前期的规划和把控，而这正是 MDS 重点研究和管理的事项。

需求管理有"以销定产"和"以产定销"两种模式，它们的区别如下。

- 当企业产能大于市场需求时，基本上采用的是"以销定产"模式，这时企业的需求管理主要以销售部门的需求预测为主，而如何提高需求预测和销售预测的合理性和准确性是重点。

- 当企业产能小于市场需求时，基本上采用的是"以产定销"模式，这时企业的需求管理主要以生产制造部门的产能管理为主，而如何消除浪费，提升产能和生产效率，最终提升产品的有效产出是核心。

制订主需求计划时首先要考虑公司经营战略的实现，所以主需求计划中的一部分信息是从跨度 12 个月的企业经营战略规划中的销售计划中取得的。这个年度的销售计划是市场部门和销售部门根据企业年度经营战略规划中的产品计划、利润计划的要求对销售任务所做的具体展开。企业要在前两个年度的销售业绩的总结和分析的基础上，结合市场和销售人员对本年度的销售预测数据，整理和规划出指导企业本年度销售工作的资料。它将企业 12 个月的时间跨度划分为 4 个季度，最终落实到每个月具体的销售任务上，当企业的产品数量很多时，计划中的产品规划体现到产品族和品类层级即可，但是销售任务要落实到每个客户别上。企业年度销售计划示例如表 1-6 所示。

主需求计划的另一部分信息来自本年度已经完成的销售业绩情况和依据最新的市场和客户变化所得出的销售预测数据。

- 当企业本年度已经完成的销售实绩和经营计划相比基本吻合时，说明市场和资源应用的协同配合比较到位，前期的需求管理工作做得比较好，公司的经营效益能够得到比较好的保证。

表1-6 企业年度销售计划示例

产品族区分	品类区分	客户	数量(台)	合计(台)	第一季度(20%) 1月	2月	3月	第二季度(40%) 4月	5月	6月	第三季度(15%) 7月	8月	9月	第四季度(25%) 10月	11月	12月
A产品(2000台)	A1	×× ×	50	1 000	0	0	10	10	10	0	1	2	4	5	5	3
		×× ×	100		5	5	10	20	10	10	5	5	5	15	10	0
		×× ×	500		15	35	60	80	70	40	20	25	30	60	40	25
		×× ×	350		15	25	30	65	45	30	12	15	25	40	30	18
	A2	×× ×	150	750	5	10	15	30	20	10	5	7	10	20	10	8
		×× ×	150		5	10	15	30	20	10	5	7	10	20	10	8
		×× ×	200		5	15	25	35	25	15	5	10	15	25	15	10
		×× ×	250		10	15	30	40	35	20	7	10	20	30	20	13
	A3	×× ×	25	50	0	2	3	5	3	2	0	1	2	4	2	1
		×× ×	5		0	0	1	2	0	0	0	0	1	1	0	0
		×× ×	20		0	1	3	4	4	0	0	1	2	3	2	0
	A4	×× ×	100	200	5	5	13	17	10	10	5	5	5	15	5	5
		×× ×	50		0	5	6	9	5	5	1	2	4	6	4	3
		×× ×	50		0	5	7	8	5	5	1	2	4	6	4	3

（续表）

产品族区分	品类区分	客户	数量（台）	合计（台）	第一季度（20%）			第二季度（40%）			第三季度（15%）			第四季度（25%）		
					1月	2月	3月	4月	5月	6月	7月	8月	9月	10月	11月	12月
B产品（3 605台）	B1	×××	200	2 005	5	15	25	35	25	15	5	10	15	30	10	10
		×××	500		20	30	75	95	50	30	15	20	40	60	40	25
		×××	305		10	20	30	60	40	20	10	15	25	40	20	15
		×××	1 000		30	50	160	210	100	50	30	40	80	110	90	50
	B2	×××	100	1 600	0	5	15	20	10	10	5	5	5	10	10	5
		×××	1 000		30	70	130	150	140	80	25	45	80	100	90	60
		×××	300		10	15	40	55	40	20	10	15	20	35	25	15
		×××	200		5	15	25	35	25	15	5	10	15	25	15	10
C产品	C		300	300	0	25	40	55	40	20	20	15	10	40	25	10
D产品	D		100	100	0	5	15	20	15	5	3	5	7	10	10	5
合计（台）				6 005	175	383	783	1 090	747	422	195	272	434	710	492	302

· 43 ·

- 当企业本年度已经完成的销售实绩和经营计划相比有较大的差距时，说明市场有可能在恶化，或者公司产品的竞争力在下降，造成企业内部生产资源的开动率不足，经营效益会受到很大的影响。营销部门需要组织力量，聚焦困难，集体攻关，努力开拓市场，提升销售业绩，将前面的销售损失追回来，这样才有可能完成全年的经营规划。
- 当企业本年度已经完成的销售实绩和经营计划相比有较大的增长时，说明产品适销对路，市场和客户需求旺盛，此时需要重点关注后续的产销协同和生产制造资源的优化准备工作，以便抓住市场机遇，使公司的经营业绩和效益有一个飞跃式的提升。

按照企业年度经营战略计划的要求，参考销售实绩，结合最新的市场和客户的需求预测，业务部门和销售部门要制订出 3 ～ 6 个月的 MDS。MDS 包含的关键要素如下：

- 计划要体现到产品族中每个具体的产品上，计划要落实到不同的客户管理上；
- 计划要体现出阶段性的经营计划和完成业绩的对比管控；
- 计划要体现出当期经营计划和实行计划的对比管控；
- 计划中要包含对后续 3 个月的经营和销售预测计划的对比展望；
- 计划中要包含对当期阶段的期初、期末库存数据的管理；
- 计划中要包含产品"断种"等各种可能出现的变化的警示信息。

MDS 具体的管理内容示例见表 1-7。

表 1-7　某公司 2022 年 6 月 MDS

单位: 千个

产品	客户		1~5月累计		6月初库存		6月		6月末库存		7月		8月		9月	
			经营计划	实绩	公司外	公司内	经营计划	执行计划	公司外	公司内	经营计划	预测计划	经营计划	预测计划	经营计划	预测计划
A1	客户甲	0103633	35	28	1.764		7	5.800	1.764		3	5				
A2	客户甲	0103633	27	25		1.8	7	5.5		1.8	3	5				
A3	客户甲	0103633		2	0.224			1.904	0.224	断种						
A4	客户甲	0103633	48	51	3.15	0.9	7	7.5	3.15	0.9	4	4				
产品族 A 合计			110	106	5.138	2.7	21	20.704	5.138	2.7	10	14	0	0	0	0
B1	客户甲	0103633	120	108		1.2	5	4		1.2	18	24	20	24	15	27
B2	客户甲	0103633	200	118			5	4			17	32	20	36	15	30
B3	客户甲	0103633	120	110		1.35	5	3		1.35	10	10	20	20	15	15
B4	客户甲	0103633	120	129			5	4			20	22	20	22	15	20
产品族 B 合计			560	465	0	2.55	20	15	0	2.55	65	88	80	102	60	92
C1	客户甲	0103633	240	300	8.704	11.872	30.912	45	8.704	11.872	16.304	18	0	0	0	0
C2	客户甲	0103633														
C3	客户乙	0101233				0.336			断种	0.336						
C4	客户乙	0101233		42		8.288		8.485		8.288						
C5	客户甲	0103633														
产品族 C 合计			240	342	8.704	20.496	30.912	53.485	8.704	20.496	16.304	18	0	0	0	0
产品别合计			910	913	13.842	25.746	71.912	89.189	13.842	25.746	91.304	120	80	102	60	92
客户别	客户乙	0101233			0	9	0	8	0	9	0	0	0	0	0	0
	客户甲	0103633			14	17	72	81	14	17	91	120	80	102	60	92
	客户丙	0101134			0	0	0	0	0	0	0	0	0	0	0	0
	客户别合计				13.842	25.746	71.912	89.189	13.842	25.746	91.304	120	80	102	60	92

1.6　销售计划（SP）

当 3 ～ 6 个月的 MDS 制订完成后，为了有效落实该计划，保障销售业绩的达成，市场部门和销售部门要对每个月客户的实际订单和销售预测计划进行细化展开和需求管控，然后输出月别的销售计划（Sales Plan，SP）。

虽然月别的 SP 是依据市场、客户订单和需求预测制订出来的，但是在制订该计划时，基于要保证准时交付的承诺，要对将来的产品制造和交付状态进行相应的假设和验证判断，这个过程在管理上就是进行可承诺量管理。

可承诺量（Available To Promise，ATP）管理是业务部门和销售部门的员工在某种产品当前的库存和一定的供应状态下，在接到客户订单时，对交付情况进行假设和判定后，所能够承诺给客户的新订单的数量。在一个特定时间段内，某产品 ATP 进行假设和验证的方法如下。

- 库存数量：当前状态下没有被订单和出货计划所占用的产品库存。
- 供应数量：一定的生产提前期内可以生产出的该产品的数量。
- 总供应数量 = 库存数量 + 供应数量。
- ATP 数量 = 总供应数量 – 订单数量。

ATP 管理和计算方法如图 1-9 所示。

业务部门和销售部门需要应用 ATP 管理来进行销售计划的前期管控。

- 当 ATP 有余时，意味着公司的生产交付能力还有空间，业务部门和销售部门要积极地开拓市场，争取更多的订单，让公司的生产资源开动率更加饱满，生产效率更高，单位生产成本更低，企业的竞争力更强。

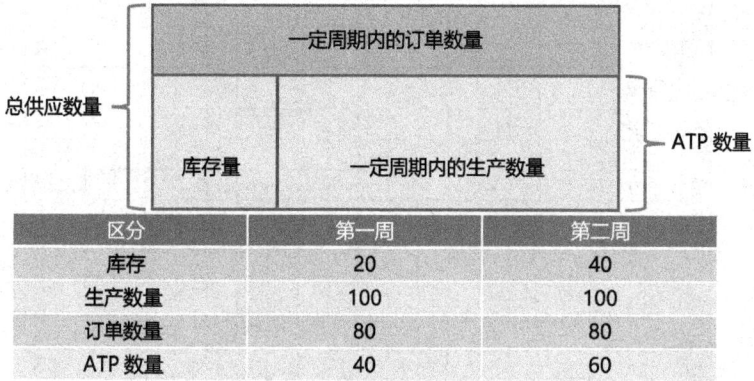

区分	第一周	第二周
库存	20	40
生产数量	100	100
订单数量	80	80
ATP 数量	40	60

图 1-9　ATP 管理和计算方法

- 当接到的订单数量超出 ATP 能力时，意味着公司的生产能力跟不上，会出现无法准时交付的问题，无法保证客户的满意度，需要业务部门、销售部门和生产制造部门及时协同和配合，将销售和生产之间的平衡点确定下来。

所以，企业的业务部门和销售部门在 ATP 管理中制订出合理的销售计划非常重要。

SP 的制订和管理的要点如下：

- 由业务部门和销售部门制订和管理；

- 时间范畴为一个月；

- 具体订单要落实在产品别、客户别和具体的日期上；

- 要体现每个月的期初库存数据；

- 要按照周别的总供应数量对订单数量进行 ATP 验证，只有符合要求的订单才能体现在 SP 中，具体的 SP 管理内容和相应的表单示例如表 1-8 所示。

表1-8　月别的 SP 示例

某公司 2022 年 7 月销售计划

客户	产品	物料编码	期初库存(个)	数量(个)	1日	2日	3日	4日	5日	6日	7日	8日	9日	10日	11日	12日	13日	14日	15日	16日	17日	18日	19日	20日	21日	22日	23日	24日	25日	26日	27日	28日	29日	30日	31日
甲	A1	1534-11181A	180	500	0	0	0	0	500	0	0	0	0	0	0	0	0	0	0	0	0	0	0	0	0	0	0	0	0	0	0	0	0	0	0
	A2	1534-11181B		800					400											400															
	A3	1534-11181C		1000					300											300									400						
	A4	1534-11181C	270	1300					400											400									500						
	A5	1534-11181D		500					400																				100						
乙	B1	1008013DZ		1000											500								500												
	B2	1008013DQ	100	1000											500								500												
	B3	1008013SZ	100	1500											500			500					500												
	B4	1008013SD	210	1500											500			500					500												
丙	C1	E0493230021		100					100																										
	C2	E0493230022		500					200													300													
	C3	E0493230023		200					100																								100		
	C4	E0493230024		400					400																										
丁	D1	T3778H201	80	1000					500																500										
	D2	T3778P051		1160					400																				360					400	
	D3	T3778H201A		850					400																				450						
	D4	T3767H091	120	680					300																		380								
	D5	T377H002A		300					300																										
合计(个)			1060	14290	0	0	0	0	4700	0	0	0	0	0	2000	0	0	1000	0	1100	0	300	2000	0	500	0	380	0	1810	0	0	0	100	400	0

1.7　主生产计划（MPS）

当业务部门和销售部门制订出 SP 后，就需要进行后续的"产供销协同"一系列假设和验证了。这个验证过程首先要从完成品的生产交付假设和验证开始，这就是主生产计划（Master Production Schedule，MPS）。

MPS 的作用体现在两个方面：

- 对 SP 进行制造和采购方面资源的排程假设和验证，以便确认生产制造的相关资源能否确保企业保质保量地准时交付订单产品；
- 将验证结果向业务部门和销售部门进行通报，以便它们及时反馈给客户。

MPS 实际上是排程的过程，是将 SP 中客户订单按照交付日期的要求分解到每日的假设排程中，然后运用关键资源能力进行模拟验证的过程。主生产排程模拟验证通过后输出的关键要素如下：

- 确定每月每日生产的产品规格和种类；
- 确定每月每日生产的产品数量；
- 确定每月生产订单开始和完成的时点。

这个分解和展开的方式主要有两种方式：

- 按照客户要求的交付时点要求倒排生产日程；
- 接到客户订单后立即进行生产排程。

MPS 的制订和管理的要点如下：

- 由供应链管理部门或者生产计划部门负责制订和管控；

- 是针对完成品进行的保证准时交付的生产排程；

- 是将每个月的生产排程细化到每日的生产排程；

- 要将 SP 中的库存和订单数据进行整合，以确定计划数量；

- 要针对每日的生产合计数量进行能力和负荷的初步验证和判断。

MPS 管理内容和相应的表单示例如表 1-9 所示。

MPS 是业务部门和销售部门就 SP 与生产制造部门进行模拟验证、沟通、协调并最终确定下来的生产和交付主排程。业务部门和销售部门按照最终确定的 MPS 开展销售活动，生产制造部门遵照 MPS 组织相应的资源进行生产和交付活动。如果 MPS 执行不到位，就有可能出现交期延误、断货或者库存过剩的问题，故 MPS 的制订和执行管理对于保证准时交付、提高客户满意度及提升企业整体运营效率都很关键。

MPS 一般是针对完成品的生产排程，也是"独立需求和相依需求"管理运用上对后续自制件和外购件的 BOM 层级展开的顶层计划排程。在特定情况下，按照订单设计、制造（Engineering To Order，ETO）的生产模式主要针对关键要素——原材料来制订 MPS；按照订单装配（Assemble To Order，ATO）的生产模式会重点针对关键要素——半成品来制订 MPS。

1.8 粗能力计划（RCCP）

MPS 要根据 SP 的要求进行关键生产制造资源的假设排程，通过模拟验证的判断过程，输出 MPS 假设排程的可行性结论，这个判断的过程就需要应用到粗能力计划（Rough-cut Capacity Planning，RCCP）。

表 1-9　月别 MPS 示例

某公司 2022 年 7 月 MPS

客户	产品	物料编码	计划数量（个）	1日	2日	3日	4日	5日	6日	7日	8日	9日	10日	11日	12日	13日	14日	15日	16日	17日	18日	19日	20日	21日	22日	23日	24日	25日	26日	27日	28日	29日	30日	31日
甲	A1	1534-11181A	320	70	70	70	70	40																										
	A2	1534-11181B	800	160	160	160	160	160																										
	A3	1534-11181C	1000	60	60	60	60	60					60	60	60			60	60			80			80	80	80	80						
	A4	1534-11181C	1030		100	100	100	30											400	100	100	100												
	A5	1534-11181D	500					100			100	100							100			100												
乙	B1	1008013DZ	1000					100			100	100	100	100	100			100	100	100	100	100												
	B2	1008013DQ	900		100						100	100	100	100	100			100	100	100	100	100												
	B3	1008013SZ	1400		100	100	100	100			100	100	100	100	100			100	100	100	100	100												
	B4	1008013SD	1290		100	100	100	90			100	100	100	100	100			100	100	100	100	100												
丙	C1	E0493230021	100	100																100	100													
	C2	E0493230022	500		100	100	100	100																										
	C3	E0493230023	200		100	100	100	100																								100		
	C4	E0493230024	400		100	100	100	20											100	100	100	100												
丁	D1	T3778H201	920	100			100												100			100			100	100	60	60	100				100	
	D2	T3778P051	1160		100	100	100	100										100	100	100	100	100			100	100	100	50				100	100	
	D3	T3778H201A	850		100	100																			100	100	100							
	D4	T3767H091	560				100	80																	100	80								
	D5	T377H002A	300		100		100	100																										
	合计（个）		13230	390	890	1090	1390	1480	0	0	400	400	460	560	360	0	0	660	1160	600	700	980	0	0	480	460	340	430	100	0	0	200	100	0

实际上，RCCP 是对 MPS 假设进行模拟验证的过程，是一个对生产资源和交期进行确认和再规划的过程。当 MPS 排程初步排定后，需要对生产使用的物料能否到位进行验证和判断，同时还需要对生产过程中需要使用的设备资源、人力资源是否够用进行验证和判断，如此才能判断现在的 MPS 排程是否适用、合理。在企业的产品比较简单，数量和规格不是很多，需要使用的原材料和半成品不是很复杂的情况下，同时生产应用的设备、工艺也不是很多、很复杂的情况下，RCCP 过程是可以将 SP 的 ATP 管理过程和 MPS 制订合并在一起进行的。针对成品很多，物料很复杂，设备很多，工艺也很复杂的情况，如果对所有资源进行模拟验证，那么工作量会很大，耗时也长，结果反馈就会不及时。当发现资源不能满足要求时，需要重新进行优化和调整 MPS，然后再进行验证，这个过程会更长，响应会更慢。在这种情况下，RCCP 会针对以下关键资源进行模拟验证：

- 对采购提前期较长且获取较困难的关键物料进行能力判断；
- 对生产线瓶颈或者设备进行能力判断；
- 对已经识别出的其他关键资源进行能力判断。

经过 RCCP 验证和判断，如果能满足要求，就可以马上进行后续的生产计划验证工作；如果不能满足要求，也可以马上返回 MPS 阶段进行优化和调整，缩短模拟验证时间，提高快速响应能力。RCCP 应用管理流程如图 1-10 所示。

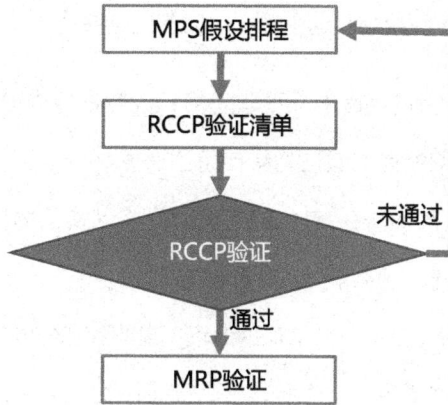

图 1-10　RCCP 应用管理流程

1.9　物料需求计划（MRP）

当 MPS 假设排程经过 RCCP 验证通过后，就需要对生产过程中需要应用的物料准备情况进行验证和判断，这就是物料需求计划（Material Requirement Planning，MRP）管理的目的和作用。

MRP 由供应链管理部门或者生产计划部门负责管理，可以按照月别、周别、日别进行验证和判断。进行 MRP 验证和判断需要准备的输入事项如下：

- 月别的完成品交付所要求的模拟排程（MPS）资料；

- 对完成品、半成品和原材料等不同属性物料的识别编码；

- 结构和单耗准确的生产 BOM 资料；

- 及时、准确的现行物料库存数据；

- 准确、合理的采购提前期数据和生产提前期数据；

- 未关闭的采购订单、生产订单的准确数量与交货日期。

MRP 对输入的资料和数据进行验证和输出的各项工作内容如下。

- 对 MPS 假设交货的产品的品种、规格和数量进行排程确认。

- 按照生产和采购提前期验证物料使用的时点。

- 验证已有的库存、即将生产出的物料和即将到货的物料的数量是否够用。

- 判断如果缺物料，那么缺哪些物料，缺多少。

- 输出何时才能补上这些物料缺口的建议（自制件和外购件的需求时点）。

- 如果采购和生产资源满足这些要求，就可以进入下一级计划的核算和验证历程；如果不能满足要求，就返回 MPS 阶段进行优化和协调。

MRP 模拟验证的工作流程和逻辑如图 1-11 所示。

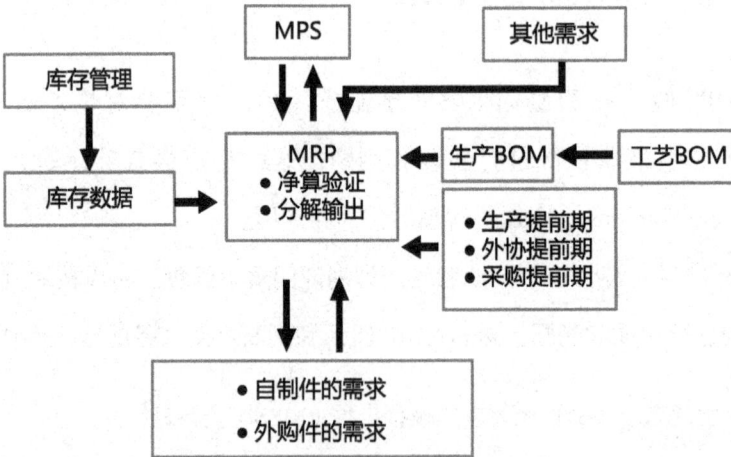

图 1-11　MRP 模拟验证的工作流程和逻辑

MRP 模拟验证后分解输出自制件和外购件的需求数据，供后续的产能需求计划和采购计划使用。自制件需求数据表示例如表 1-10 所示。

外购件需求数据表单和呈现方式示例见如表 1-11 所示。

表1-10 自制件需求数据表示例

某公司2022年7月MPS

客户	产品	物料编码	计划数量(个)	1日	2日	3日	4日	5日	6日	7日	8日	9日	10日	11日	12日	13日	14日	15日	16日	17日	18日	19日	20日	21日	22日	23日	24日	25日	26日	27日	28日	29日	30日	31日
甲	A1	1534-11181A	320	70	70	70	70	40																										
	A2	1534-11181B	800	160	160	160	160	160																										
	A3	1534-11181C	1 000	60	60	60	60	60					60	60	60			60	400															
	A4	1534-11181C	1 030				100	30						100	100			100	60			80			80	80	80	80						
	A5	1534-11181D	500		100	100	100	100											100															
乙	B1	1008013DZ	1 000								100	100						100	100	100	100	100												
	B2	1008013DQ	900								100	100						100	100	100	100	100												
	B3	1008013SZ	1 400		100	100					100	100	100	100	100			100	100	100	100	100												
	B4	1008013SD	1 290			100		90			100	100		100						100	100	100												
丙	C1	E049323 0021	100					100																										
	C2	E049323 0022	500		100	100	100	100				100								100	100													
	C3	E049323 0023	200		100	100	100	100																								100		
	C4	E049323 0024	400				100	100										100	100			100												
丁	D1	T3778H201	920	100				20										100				100			100	100								
	D2	T3778P051	1 160		100	100	100	100													100	100			100	100	60	100	100			100	100	
	D3	T3778H201A	850		100	100	100	80													80				100	80	100	50				100	100	
	D4	T3767H091	560					100													100	100												
	D5	T377H002A	300	100	100	100	100	100																										
	合计(个)		13 230	390	890	1 090	1 390	1 480	0	0	400	400	460	560	360	0	0	660	1 160	600	700	980	0	0	480	460	340	430	100	0	0	200	100	0

表 1-11　外购件需求数据表示例

物料申请代码	项目代码	物料名称	订购数量（个）	批货日期	批准日期	跟踪号	采购组申请人	物料组	工厂仓储地代码
☐205065 10000250 N B NB	00010	吊环螺钉	16	2011年7月12日	2011年7月12日	E09	采购计划员1	8	A800 1001101
☐205065 10000251 N B NB	00010	吊环螺钉	10	2011年7月8日	2011年7月8日	E09	采购计划员1	8	A800 1001101
☐253010 10000252 N B NB	00010	附件箱	8	2011年7月12日	2011年7月12日	E09	采购计划员1	8	A800 1001101
☐253010 10000253 N B NB	00010	附件箱	5	2011年7月8日	2011年7月8日	E09	采购计划员1	8	A800 1001101
☐303013 10000254 N B NB	00010	可调垫铁（腾龙）	80	2011年7月12日	2011年7月12日	E09	采购计划员1	8	A800 1001101
☐303013 10000255 N B NB	00010	可调垫铁（腾龙）	50	2011年7月8日	2011年7月8日	E09	采购计划员1	8	A800 1001101

1.10　能力需求计划（CRP）

当 MRP 计划审核验证完成，能够确保在 MPS 模拟排程中所需的半成品和原材料足够供应时，生产计划的模拟验证进入能力需求计划（Capacity Requirements Planning，CRP）验证阶段。

CRP 由供应链管理部门或者生产计划部门负责管理，可以按照月别、周别、日别进行生产作业计划的验证和判断。也就是说，对 MRP 模拟分解的自制件生产计划中各生产时点所需的生产线、生产班组和设备资源进行精确计算，得出生产线、生产班组和设备资源的负荷情况，以便做好生产能力与生产负荷的平衡工作，保质保量地准时交付。CRP 是一个验证的过程，如果满足准时交付的要求，就将自制件的生产计划分解安排到每个车间、每条生产线、每个生产班组或者每个机台去执行；如果不满足准时交付的要求，就返回上个流程，继续进行优化和完善，通过交流、沟通、协同和协调机制，最终实现准时交付和资源运行的最佳化、高效化。CRP 模拟验证需要输入的相关信息如下：

- 经 MPS、MRP 验证通过的自制件的生产计划排程信息，包含相应的自制件品种、规格、生产数量和时点；
- 生产该产品需要经过的工艺路线；
- 该工艺路线中各道工序的标准工时；
- 将该产品的生产放在哪条生产线、哪个生产班组和哪个设备的工作中心；
- 企业的标准产能管理（工作日历）。

在进行 CRP 模拟验证时所采用的标准产能管理方法是定义工厂日历（Shop Calendar，SC）的应用。SC 定义了年度 12 个月所包含的标准工作日程和休息日程安排，定义了每个工作日的工作班次和标准工作时间，只有通过 SC 的管理，才能对客户需求和工厂的标准产能进行定量的、有效的平衡管理。SC 应用和管理示例如图 1-12 所示。

CRP 的模拟验证工作流程与逻辑如图 1-13 所示。

CRP 帮助企业就生产线、生产班组和设备资源进行精确计算，验证通过 MPS、MRP 后输出的自制件生产能力能否满足准时交付的要求，如果不能满足要求，应搞清楚具体差距的点在哪里，差距的数量是多少，以及交付的时点，以便供应链管理部门或者生产计划部门开展后续的综合优化和协同、协调工作，最终实现准时交付及生产资源的开动率和生产效率最优的目标。

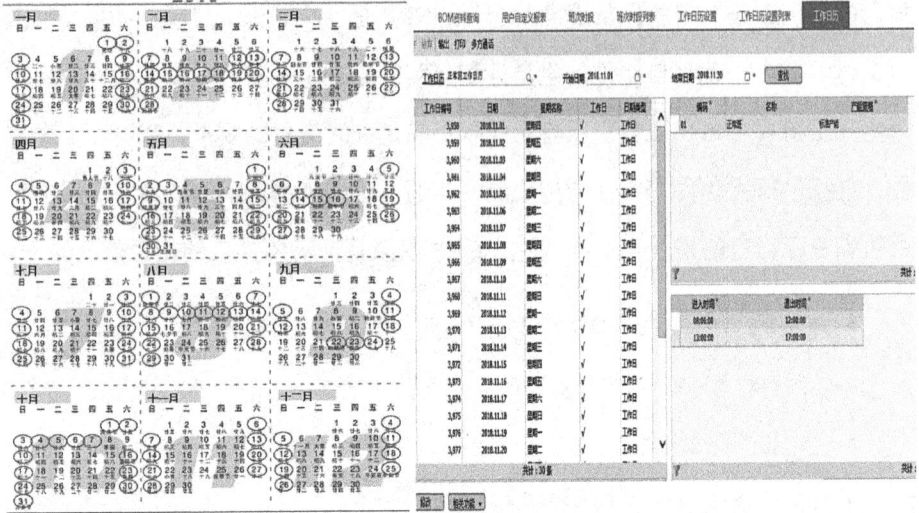

图 1-12 工厂日历管理示例

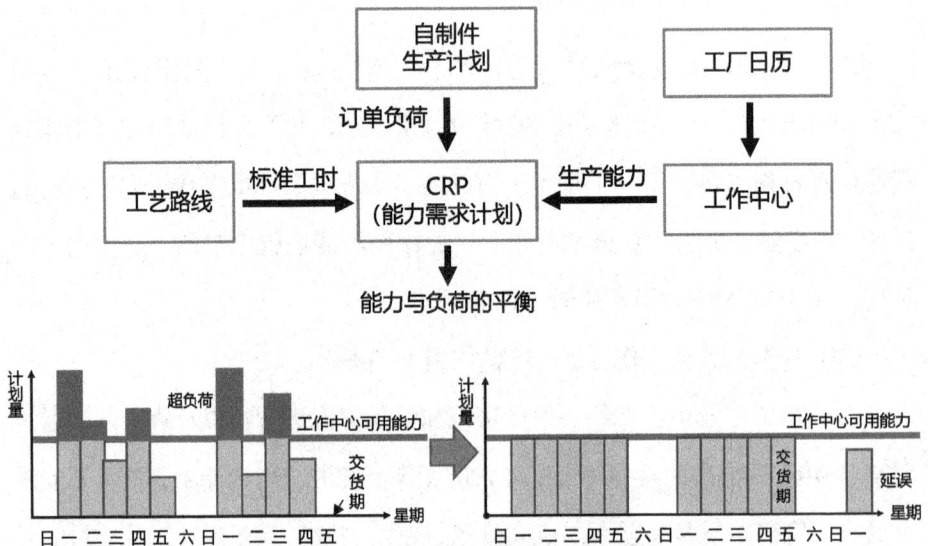

图 1-13 CRP 的模拟验证工作流程与逻辑

1.11　采购计划

在 MRP 运行模拟验证完成后，除了将输出自制件的物料需求进行验证以外，还输出了针对外购件的物料需求信息。对于外购这部分物料的需求计划，需要生成采购计划。采购计划是指企业采购部门的员工从企业的生产经营活动出发，为了满足市场的供求关系，遵循物料的使用规律，在一定的计划时间内对物料的供应活动所做的预见性的业务安排和部署。采购计划要根据生产制造部门和其他物料使用部门的需求明确采购的物料种类、规格、数量和需求时点。

采购计划是为维持正常的产销活动而必须进行的职能管理工作，它的制订和管理主要围绕以下几个方面进行：

- 采购计划要保证生产活动需要使用的物料的准时性和齐套性，确保生产制造活动正常进行；
- 采购计划在保证物料正常使用的前提下要避免库存过多，占用资金、库存空间等问题；
- 采购计划的制订和执行还要和公司的资金预算计划进行合理、高效的协同；
- 采购计划还要关注供应市场的波动和变化，选择合适、有利的时机来采购物料和商品，强化采购成本管理；
- 要根据供应商的实际生产和管理能力合理地制订采购计划，加强和供应商的产供业务协同。

采购计划的制订和执行是和供应商进行产供业务协同的支点，如何合理、高效地制订采购计划需要对供应商的基本情况和能力有充分的了解和准确的评估，这项工作使用的表单叫零件信息表（Plan For Every Part，PFEP），该表中传递出的资料信息包括以下几个方面。

- 物料的基本信息：包含零件号、品名、描述等内容，可以帮助我们对物料的基本情况有所了解。
- 物料的供应状态：包含供应商及其所在的国家、省市和地区，订货的频次，发货量，运输时间及运输商等信息，可以对物料的供应情况予以把握。
- 物料的包装状态：包含包装类型、包装净重、单件重量、标准包装量、总重、包装的长宽高等信息，可以准确了解物料的标准包装状态，为物料的入库、出库和放置管理业务提供高效、合理的支持。
- 物料的放置位置：定义了物料的使用地点和储存位置。
- 物料的使用速度：包含产品的单耗量、每小时用量及日用量等信息，可以告诉我们物料的使用速度。
- 物料的配送信息：包括配送的频次和批量，可以指导物料的补充速度。

PFEP 中的信息对采购计划的制订和执行提供了有力的支持，表单示例如表 1-12 所示。

PFEP 中的数据关联到的物流、搬运、储存等信息对合理制订采购计划非常有帮助，当企业通过采购计划与供应商进行产供业务协同时，会更加有针对性和合理性。同时，采购计划要根据 MPS 的具体排程要求，按照交期的时点要求及各种物料的采购提前期，制订倒排采购计划的到货日程计划，以便在保证物料准时、齐套性不影响正常的生产作业安排的前提下，将各种物料的库存提前期控制在一个比较合理、经济的范围内。同时，供应商也可以通过比较明确的交货日程计划，合理安排自己的生产计划，实现更加高效的产销协同。采购计划排程表示例如表 1-13 所示。

表 1-12　PFEP 示例

日期：

零件号	描述	供应商	供应商国家	供应商省份	供应商城市	订货频率	发货时间（天）	运输时间（天）	运输商	包装类型	每件重量（千克）	包装净重（千克）	标准包装量（个）	总重（公斤）	包装长（厘米）	包装宽（厘米）	包装高（厘米）	日用量（个）	使用地点	存储地点	单耗量（个）	每小时用量（个）	每小时用量（箱）	配送频次（小时）	配送批量（箱）
123456	继电器	太阳制造	中国	广东	广州	每周	5	1	唯一	纸箱	0.1	0.5	30	3.5	60	60	60	690	14# 生产线	第 7 工序线边	1	90	3	1	3

表 1-13　采购计划排程表示例

某公司采购计划排程表															
序号	采购单号	品号	品名	采购数量（个）	未交数量（个）	1日	2日	3日	4日	5日	6日	7日	8日	9日	10日
1	×××	R8422-471401	电源线	200	200				100	100					
2	×××	R8422-471401	电源线	1 200	300			100	100	100					
3	×××	R8422-463101	电源线	1 400	1 400										
4	×××	R8422-463101	电源线	700	700										
5	×××	R8422-471001	电源线	600	600									200	200
6	×××	R8422-463101	电源线	1 200	1 200										
7	×××	R8422-463107	电源线	2 650	2 650								1 000	1 000	650
8	×××	R8422-471405	电源线	486	486										
9	×××	R8422-463101	电源线	2 280	2 280										1 000
10	×××	R8422-464613	电源线	1 300	1 300	200	200	200	200	200			200	100	
11	×××	R8422-463101	电源线	3 330	3 330										
12	×××	R8422-464601	电源线	2 980	2 980			200	200	200	200		200	200	200
13	×××	R8422-464601	电源线	2 400	1 473										
14	×××	R8422-464601	电源线	1 010	1 010								200	200	200
15	×××	PR8422-463001	电源线	920	920	200	200	200	200	120					
16	×××	DPR8422-471801	电源线	870	870										
17	×××	R8422-464601	电源线	1 310	1 310								200	200	200

（续表）

某公司采购计划排程表																				
11日	12日	13日	14日	15日	16日	17日	18日	19日	20日	21日	22日	23日	24日	25日	26日	27日	28日	29日	30日	31日
					400	400	400	200												
											100	100	100	100	100			100	100	
200																				
				1 200																
					100	100	100	100			86									
1 000	280																			
					1 000	1 000	1 000	300												
200	200			200	200	200	200	200			180									
											200	200	200	200	200			200	200	73
200	200			10																
				200	200	200	200	70												
200	110			200	200															

1.12　车间作业计划（PAC）

　　当企业经营战略中的销售规划和客户实际需求形成了 3 ～ 6 个月的 MDS 综合管理，然后通过 ATP 的业务管控初步输出了每个月别的 SP，确定了客户需求时，需要通过 MPS 进行准时交付假设排程，期间先要进行 RCCP 的关键资源有限生产能力验证。只有满足要求，才能进行 MRP 的模拟验证工作，将其分解成半成品的自制件生产计划和原材料的外购需求，制订和供应商联动的采购计划，以确保生产使用的各种物料可以到位。然后再通过工厂日历的有限产能控制，验证企业自制件的生产计划所需使用的生产线、生产班组和设备机台的生产能力是否满足要求。对于整体假设、模拟验证的流程，可以回顾图 1-4 生产计划管理内容。如果以上各个环节的假设、模拟验证工作都符合要求，就进入了最终确定阶段中的车间作业计划（Production Activity Control，PAC）管理阶段。

　　PAC 由供应链管理部门或者生产计划部门来制订和管控。有的企业将 PAC 交由各生产车间制订是有问题的，因为各生产车间在制订作业计划时容易陷入局部效益最大化的陷阱，将来容易造成各生产车间整体协同困难，而只有供应链管理部门或者生产计划部门才具备站在企业生产运营管控的高度对各生产车间的整体计划进行规划和把控的能力。当供应链管理部门或者生产计划部门进行车间级的作业计划的制订和管控时，会将从表 1-10 所示的自制件生产计划表中分解出的各个自制件计划，按照工艺区分汇总到各自的车间，然后再将各生产车间的自制件计划细化到具体的产线、班组或者机台的每日生产作业计划，这个计划是一个具体的排程计划。这个车间级的作业计划是将来各生产车间对生产线、生产班组和机台进行生产任务下达、安排的指导性文件，也是将来向仓库进行生产物料预约和领用的指导性文件。车间级的作业计划包含以下要素：

- 要落实到每个自制件；

- 要体现到相关的各生产车间；

- 要体现到每个生产车间中具体的生产线、生产班组和机台；

- 要对每个自制件每个月的期初库存数量进行管理；

- 要落实到每日生产作业计划的具体排程上。

PAC 的具体管理内容和表单形式示例如表 1-14 所示。

只有车间级的作业计划确定下来后，才能下发到各生产车间进行具体的生产任务安排和相应的生产物料的预约申请。每个生产车间具体生产任务的下达是通过生产派工单的方式进行的，在派工单上会明确以下关键信息：

- 计划在哪条生产线、哪个生产班组或者哪个工序机台进行生产；

- 计划生产的产品品种、规格；

- 计划生产的产品数量；

- 计划生产开始和完成的时点要求。

生产派工单示例如表 1-15 所示。

表 1-14　车间作业计划表示例

某车间 2022 年 7 月作业计划

产线（班组或设备）	物料编码	月初库存	6月28日	7月1日	7月2日	7月3日	7月4日	7月5日	7月6日	7月7日	7月8日	7月9日	7月10日	7月11日	7月12日	7月13日	7月14日	7月15日	7月16日	7月17日	7月18日	7月19日	7月20日	7月21日	7月22日	7月23日	7月24日	7月25日	7月26日	7月27日	7月28日	7月29日	7月30日	7月31日
1线	自制件 A11	×××	20	70	70	70	70	40																												
2线	自制件 B11	×××	55		100				100	100		100	100																							
3线	自制件 C11	×××	92																		180															
4线	自制件 D11	×××	59										50	50	50												50	50	50	50						
N线	自制件 N11	×××	—																																	

表 1-15　生产派工单示例

某车间生产派工单

订单号：20220601　　　　　　　生产数量：200 件　　　　　　计划日期：2022 年 5 月 25 日
物料号：×××　　　　　　　　　开始日期：2022 年 6 月 1 日　　完成日期：2022 年 6 月 7 日
物料名称：×××

工序	工序名称	工作中心		计划安排	
		编号	名称	开始日期	完工日期
10	下料	W0001	锯床	2022 年 6 月 1 日	2022 年 6 月 1 日
20	钻孔	W0005	车床	2022 年 6 月 2 日	2022 年 6 月 2 日
30	热处理	W0010	电炉	2022 年 6 月 3 日	2022 年 6 月 3 日
40	磨削	W0020	磨床	2022 年 6 月 4 日	2022 年 6 月 4 日
50	电镀	X0050	（外协）	2022 年 6 月 5 日	2022 年 6 月 6 日
60	最终检验	Q0010	质检	2022 年 6 月 7 日	2022 年 6 月 7 日

第 2 章

柔性生产制造能力规划

制造型企业的一切生产活动都是围绕着更好地满足客户保质保量、准时交付的要求开展的。因为制造型企业的生产能力建设投资大、提前期长，投资回报率低，所以在长期、中期和短期的生产能力规划和建设方面，制造型企业非常重视规模化制造的高效率和低成本，这也是制造型企业实现高效经营目标的基础。制造资源是有限的，怎样将制造型企业的生产能力建设和现在客户的多品种、小批量、短交期、多变化的需求特点有效地衔接和对应起来，实现需求和资源的高效对接与运转，判断的指标是 TT。柔性生产制造能力建设的关键是看企业投入的人、机、料、法、环、测等生产制造资源是否符合 TT 的要求，这是制造型企业柔性生产制造能力规划和建设的核心内容。

2.1　分析和把握客户需求

制造型企业在进行柔性生产组织能力规划时，要将对客户需求的把握放在工作的首位。客户的需求是波动的，不同的产品和规格在不同的时间段内需求的数量是不同的，这是独立需求的特点。制造型企业进行客户需求分析的目的是了解和把握客户需求的波峰在哪里，波峰有多高，从而预测为了满足客户保质保量、准时交付的要求，企业需要投入的人、机、料、法、环、测等生产制造资源有多少。同时，还要把握需求波谷的情况，因为这代表企业投入的生产资源在客户需求最低的情况下开动率到底如何。当企业将客户需求的波峰和波谷的数据进行对比分析后，只要保证在波峰阶段准时交付，并且在波谷期间保持必要的开动率，把 TT 确定下来，企业就可以对需要投入的生产资源应该在哪个范围内有一个相对定量的结论。

在对客户的需求数量进行分析的同时，还需要对客户的需求在时间间隔维度上进行定量分析。当产品供不应求，生产组织模式是"以产定销"时，最大产能就是最终销售交付量，生产资源的开动率实现最大化，需求分析时间间隔和颗粒度一般可以按照每年 12 个月进行月别管理即可，也就是时间间隔是 1 个月，时间颗粒为 12 个。当产品供过于求时，生产组织模式是"以销定产"，这时企业的产能大于客户需求，而且客户的需求很多时候是多品种、小批量，而且要求的交货期短，这时客户的需求时间间隔有可能是周别，也可能是日别。如果按照日别进行需求管理，那么时间颗粒会有300 多个，数据量会很大，而且客户需求的不确定性很大，客户每日的需求差异也会很大，按照日别进行需求管理的难度会很大，失真度也会增大；而如果按照周别时间颗粒 52 个进行管理，那么数据量相对适中，在 1 周内客户需求的波峰和波谷会有所中和，波动性趋于平缓，更重要的是，大多数制造型企业的信息处理能力和生产物流组织提前期一般都在 1 周内进行统筹安排。在进行客户需求分析时，选用的比较合适的时间间隔是周别，也就是 52 个时间颗粒。

为了将客户预测和实绩进行对比分析，企业在进行客户需求分析时一般要将前两年的销售实绩和今年的销售预测数据进行归纳总结和对比分析，综合性地判断波峰和波谷需求波动的状态和波动的循环规律。客户需求分析示例如图 2-1 所示。

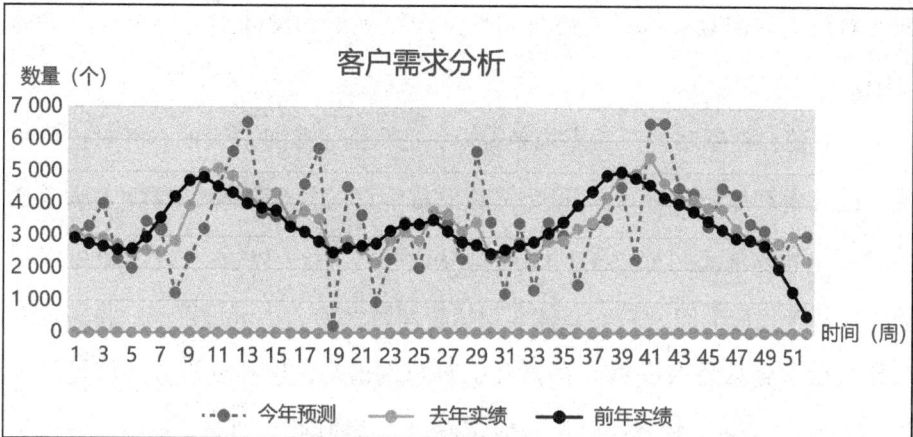

图 2-1　客户需求分析示例

　　进行客户需求分析，最终要输出的结果是 TT。这个结果告诉企业，为了满足客户需求，应该如何配置需要投入的最佳的生产制造资源，这是企业进行柔性生产制造能力规划的"原点"，也是企业精益管理和改善的核心。关于 TT 具体的计算公式和计算方法，请参见 1.4.6 小节中的介绍。

2.2　柔性生产线设计要点

　　制造型企业满足客户需求的直接载体是生产线，随着产品功能越来越全面和复杂，相对应的生产线规划和设计提前期越来越长，相应的投资也越来越大，投资回收期也越来越长，企业的经营风险相应升高。当客户需求的品种、规格较少，需求量较大时，生产线可以兼顾客户准时交付和企业批量生产的规模化效应两方面的需求。而在多品种、小批量、短交期的市场环境下，企业原有的大批量制造模式的生产线已经很难适应和满足客户的需求，如何解决这些困难和挑战，便是柔性生产线规划和设计中需要重点考虑的事项。

企业要找到哪些客户的需求是较单一的、需求量是较大的。针对这种情况，设计生产线可以兼顾准时交付和批量生产的规模效应，分析方法就是进行产品和数量之间的关系（Product Quantity，PQ）分析。PQ 分析可以帮助企业将客户需求的产品的品种和规格按照数量的大小进行排序，将需求的合计数量占到总需求量 80% 的产品品种识别出来，这种分析方法就是帕累托（Pareto）分析。帕累托分析一般遵循"二八原则"，即需求量占总需求量 80% 的产品品种一般只会占企业总品种的 20%。通过分析，识别出符合原则的产品，一般规划和设计的是专用生产线，它们既可以满足准时交付的要求，也可以实现批量生产规模效应的目的。PQ 分析的内容和应用表单示例如图 2-2 所示。

通过 PQ 分析，企业可以将需求量大的一部分产品识别出来，设计专用的生产线来满足交付。而对于需求量较小的产品，要想保证准时交付，同时满足规模化制造的低成本要求，就需要继续进行产品工艺路线相似性（Product Routing，PR）分析。进行 PR 分析的目的是从生产工艺方面进行分析，找出它们的特点和规律，研究是否可以将工艺相似的数个产品放到同一生产线上进行混线生产，以此来满足准时交付和批量生产规模效应两方面的要求。PR 分析表示例如表 2-1 所示。

通过进行 PQ 分析，企业可以将需求量大的少数产品识别出来，规划和设计出较少的几条专线来组织生产，这样既可以保证准时交付，也可以满足规模化制造高效率、低成本的要求；通过 PR 分析，企业可以将工艺相似的数个产品规划和设计放到同一生产线上来混合组织生产，营造出局部的规模

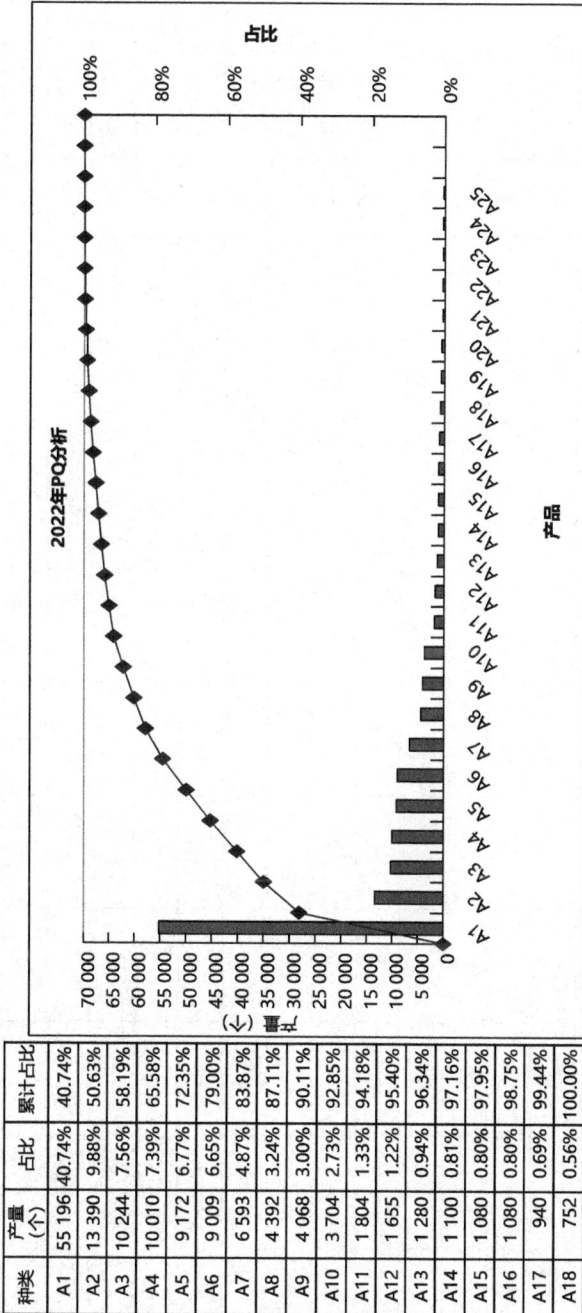

图 2-2　PQ 分析示例

种类	产量（个）	占比	累计占比
A1	55 196	40.74%	40.74%
A2	13 390	9.88%	50.63%
A3	10 244	7.56%	58.19%
A4	10 010	7.39%	65.58%
A5	9 172	6.77%	72.35%
A6	9 009	6.65%	79.00%
A7	6 593	4.87%	83.87%
A8	4 392	3.24%	87.11%
A9	4 068	3.00%	90.11%
A10	3 704	2.73%	92.85%
A11	1 804	1.33%	94.18%
A12	1 655	1.22%	95.40%
A13	1 280	0.94%	96.34%
A14	1 100	0.81%	97.16%
A15	1 080	0.80%	97.95%
A16	1 080	0.80%	98.75%
A17	940	0.69%	99.44%
A18	752	0.56%	100.00%

表 2-1 PR 分析表示例

编号	种类	机械加工					清洗烘干	电镀1号线	电镀2号线/3号线	无	装配	
		(OP10)A类夹具	(OP10)B类夹具	(OP10)C类夹具	(OP10)D类夹具	(OP10)E类夹具					设备	手动
A1	×××	✓					✓		✓	✓		
A2	×××	✓					✓		✓			✓
A3	×××	✓					✓		✓	✓		
A4	×××	✓					✓		✓			✓
A5	×××	✓					✓		✓	✓		
A6	×××	✓					✓		✓		✓	
A7	×××	✓					✓		✓	✓		✓
A8	×××	✓					✓		✓	✓		
A9	×××	✓					✓		✓			✓
A10	×××	✓					✓		✓	✓		
A11	×××	✓					✓		✓	✓		
A12	×××		✓				✓		✓	✓		
A13	×××			✓			✓		✓		✓	
A14	×××			✓			✓		✓		✓	
A15	×××				✓		✓	✓				✓
A16	×××				✓		✓	✓				✓
A17	×××					✓	✓	✓		✓		

化生产，也可以实现准时交付和高效率、低成本的规模化制造。

　　针对客户交期短和需求多变的特点，企业的生产提前期一定要足够短才行。那么，企业应该怎么做呢？我们还是要回归到"利特尔法则"给我们的启示中，生产提前期由产品的加工提前期、组装提前期、物料的排队等待时间和搬运周转时间构成，我们规划和设计的生产线一定要将物料的排队等待时间和搬运周转时间压缩到极限，这样设计出的生产线生产提前期才是最短的，应对客户短交期和需求多变特点的能力才是最强的。这种生产线就是"单件流"生产线，规划和设计"单件流"生产线对绝大多数采用大规模制造的企业来说是一场制造模式的转变过程，这种转变如图 2-3 所示。

批量制造+批量流动　　　　　　　单件制造+单件流动

图 2-3　制造模式的转变

生产线"单件流"规划和设计的几个关键招数如下。

- 规划和设计"单件流"生产线第一招：将"集群式布局"转变为"工艺顺序布局"。

- 规划和设计"单件流"生产线第二招：将"去传送带"化改为"U 形线"。

- 规划和设计"单件流"生产线第三招：消除生产线中的断点，进行"整流化"改进。

- 规划和设计"单件流"生产线第四招：对作业者的作业顺序进行优化。

- 规划和设计"单件流"生产线第五招：对设备选型进行小型化、专业化的改进。

PQ 和 PR 分析可以帮助企业识别和解决客户的多品种、小批量的需求与企业规模化制造高效率、低成本的冲突，在规模化制造和多品种、小批量之间搭建起一座桥梁，在生产线的规划和设计方面将大批量生产的专线和多品种、小批量的混线生产有机地结合起来。同时，按照"利特尔法则"的要求规划和设计"单件流"生产线，以应对客户短交期和需求多变的特点，这也是生产线柔性设计的要点。

2.3　灵活的作业岗位和人员设计要点

随着我国人口出生率的下降，同时快速步入老龄化社会，年轻人愿意进入工厂当工人的越来越少，制造型企业的用工越来越困难。而柔性生产制造对生产班组、作业岗位和生产作业人员的要求越来越高，因此，对于灵活的作业岗位设计，必须应用"标准作业"的设计方法。

标准作业以人的动作为中心，按没有浪费的作业顺序进行生产的一种高效的作业方法。标准作业管理的核心是 TT 管理。TT 是将客户需求和制造型企业需要投入的人、机、料、法、环、测等生产制造资源进行高效匹配的指标，是和客户需求直接挂钩的指标，要想作业岗位、人员的灵活配置契合客户的需求，就一定要符合 TT 要求。标准作业的管理应用针对生产线的两个核心的形态和场景如下：

- 以物料加工制造为主形态的人机配合型标准作业场景；
- 以物料组装制造为主形态的人人配合型标准作业。

针对以物料加工制造为主形态的人机配合型标准作业场景，灵活的作业岗位设计需要满足两个条件：

- 生产线的设备加工能力要满足客户的需求（TT 要求）；
- 生产线需要配置的作业者要满足客户的需求（TT 要求）。

关于生产线中设备和人员的能力的计算方法在 1.4.6 小节"如何计算和核定生产能力"中有详细讲解，本节重点介绍如何规划和设计作业者的岗位。在以物料加工制造为主形态的人机配合型作业中，人机作业是否可以分离，人机作业配合是否出现人等设备或者设备等人的情况，这些都会对生产线的柔性和效率产生一定的影响，为此需要使用标准作业组合设计方法。标准作业组合法示例如表 2-2 所示。

作业岗位和工作内容设计的方法如下。

（1）确定班产量，计算公式如下：

班产量 = 月别客户需求数量 ÷（月别标准出勤天数 × 每天班次数）

（2）以 TT 为基准，预估设计一位作业者的工作步骤和走动范围，将作业时间和走动时间累加在一起，使其尽量小于和贴近 TT。

（3）按照作业组合方案实际测量步行时间，然后选择最短的时间为步行时间。

（4）如果在步行过程中还进行手工作业，那么这个数字要加上括号予以区分。

表 2-2　标准作业组合法示例

零件编号	MB70-005432		标准作业组合设计票		编制时间	2022年 3月28日			
零件名称	凸轮轴						班产量	123	
					线名	1#	节拍	224	
序号	工作内容	作业时间（秒）			作业时间（秒）				
		手工	机器	走动					
1	OP10：取下产品，吹夹具，装夹产品，启动	32	181	4					
2	OP20：取下产品，吹夹具，启动	32	183	4					
3	OP30：取下产品，吹夹具，装夹产品，启动	32	179	4					
4	OP40：取下产品，吹夹具，装夹产品，启动	32	179	4					
5	OP50：取下产品，吹夹具，装夹产品，启动	32	183	0					
6	回到OP10，检查，除毛刺	40	0	8					
		合计 200	—	24					
		等待	—						

设备自动加工时间线　人员手工作业时间线　人员走动时间线　节拍线

图例：
一 人员手工作业
一一 设备自动加工
~~~ 人员走动

（5）在对手工作业时间和步行时间分别进行合计时，注意不要对括号中的数据重复计算。

（6）在作业内容栏里将预估的作业方案中作业者的手工作业的内容按照顺序填入。

（7）按照预估的作业方案将手工作业时间线、自动加工时间线按照比例尺换算后分别画在时间轴的表中。

（8）在一般情况下，作业顺序和工序顺序是一致的，但有时工序顺序和作业顺序也可能相反。

（9）在进行工序联结时，如果产生步行的话，将时长用波折线画在时间轴的表中。

（10）当自动加工时间虚线碰上 TT 的目标线时，要回到零点继续画剩下的时间虚线。如果这条时间虚线与表示手工作业时间的实线相重合，则说明在 TT 时间内，当作业者到达设备前时，设备还在自动加工过程中，作业者就会产生等待的浪费，这时就需要对预估的作业方案重新规划和调整了。

（11）在完成了全部预估的作业内容后，要用虚线返回最初作业循环开始的位置，表示回到作业循环的起点结束本次作业循环的工作内容。

（12）检查预估的作业循环方案是否可行。

- 如果作业循环结束的时点和 TT 目标线正好相逢，则说明该作业组合方案是高效和可行的。

- 如果作业循环结束的时点在 TT 目标线之前结束，则说明安排的工作量少，会产生作业等待或者提前生产的问题。

- 如果作业循环结束的时点在 TT 目标线之前不能结束，则说明工作量多，在确定的工作循环时间内不能完成生产任务。

- 如果出现后两种情况，就需要对作业组合方案重新设计和改进。

通过设计标准作业组合，可以实现作业岗位设置和人员的灵活、高效使用，在满足客户需求的前提下实现作业岗位合理、高效、灵活的规划与设计。

以物料组装制造为主形态的人人配合型标准作业场景，对作业岗位和人员进行规划和设计的方法叫"山积图"。山积图是针对循环往复式装配作业的生产线，将每个工作步骤均仔细进行作业要素的拆分，然后将其按照 TT 重新划分和再组合，最终确定工作岗位和作业者的规划和设计方法，然后使用堆叠条形图的方式展现出来的一种目视化管理工具。山积图包含一条装配生产线中有多少个工作岗位，需要多少位作业者，这些作业者的作业内容如何划分，包含哪些作业要素，相应的 CT 有多长，能否满足 TT 要求等管理信息，是一个对装配线灵活进行作业岗位和人员规划设计的利器。装配线山积图示例如图 2-4 所示。

确定了装配线的作业人数 (n)，按照节拍划分每个人的工作内容，因为工艺的特点，有些工作内容是不能够被分割的，所以每个人的 CT 不可能都和 TT 相同，总有一些作业者的 CT 和 TT 是有出入的，造成作业者之间的作业时间不均衡。对装配生产线的全部工序按照 TT 进行平均优化，均衡作业负荷，使作业时间尽可能相近，TT 采用的技术方法就是装配生产线的"线平衡"管理。

"线平衡"管理的目的如下：

- 提高装配生产线作业者的整体工作效率；

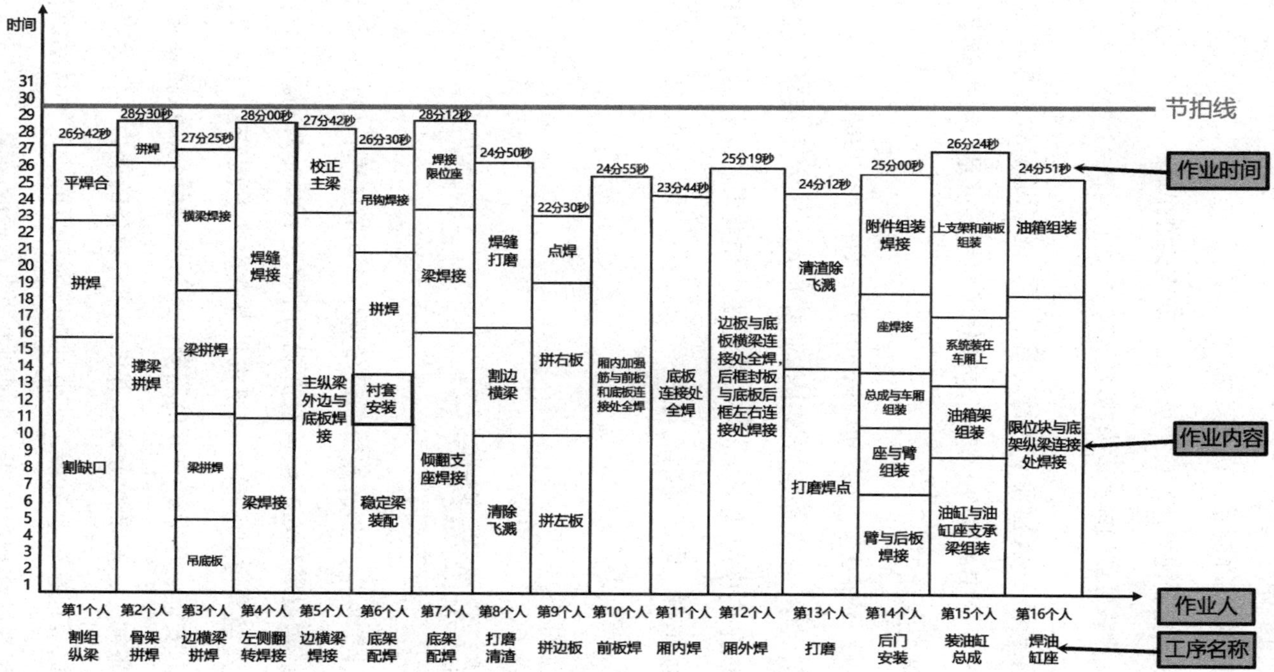

图 2-4　装配线山积图示例

- 减少单件产品的工时消耗，提高人均产量，降低成本；

- 减少工序间的在制品，真正实现"一个流"；

- 提高生产应变能力，对应市场变化，实现柔性生产；

- 提高生产线全员的综合素质和技能。

只有在生产线平衡管理中进行定量分析，才能够有针对性地进行改善，实现装配生产线效率的提升，这个定量分析的指标就是"线平衡率"。"线平衡率"的计算公式如下：

$$线平衡率 = （CT_1+CT_2+\cdots\cdots CT_n）\div（TT\times n）\times 100\%$$

在这个公式中，n 代表生产线中作业者的数量，"线平衡率"管理的及格线是 85%，线平衡率越接近 100%，装配线中作业者的工作量越均衡，整体的作业效率就越高，生产提前期也更短，应对客户短交期、需求多变的能力更强。

2.4　设备柔性选择要点

对于企业柔性生产制造能力的设备规划方面的工作，应该将其放在企业中长期生产经营发展规划的设备投资规划中来进行综合规划和推行。设备规划是根据企业经营方针、目标和要求，考虑生产发展和市场需求、新产品开发、节能、安全、环保等方面的需要，通过调查研究，从自动化、柔性等方面进行设备加工的经济性分析，并结合现有设备的能力、资金来源等进行综合平衡，以及根据企业更新、改造计划等来制订的企业中长期设备投资计划。设备的柔性选择和规划是设备规划中非常重要的因素。

在设备的柔性选择上，既要关注技术上的先进性，也要考虑经济上的合理性。首先要从提升设备的加工精度和速度上想办法，20 世纪 50 年代出现的计算机辅助制造（Computer Aided Manufacturing, CAM）技术是应该选择的方向。CAM 是利用计算机控制设备完成产品制造的技术，典型代表就是数控机床。数控设备借助 CAM 技术，通过计算机编程生成包含加工参数（如走刀速度和切削深度）的专用的数控加工程序，并以此来代替人工控制机床的操作，完成对物料的自动加工的过程。这种设备既保证了物料的加工精度，又提高了物料的加工效率，同时降低了对作业者操作技能和熟练度的要求，这是进行设备柔性选择首先要考虑的问题。

进行设备柔性选择第二个需要考虑的问题是加工物流的灵活性和经济性。设备的加工物流包含上料、设备加工、下料和运输等几个过程，如何加强这几个过程的连续性和灵活性是设备柔性选择的重点。设备加工物流自动化水平如表 2-3 所示。

表 2-3　设备加工物流自动化水平

水平	上料	设备加工	下料	运输
1 级	手工	手工	手工	手工
2 级	手工	自动	手工	手工
3 级	手工	自动	自动	手工
4 级	自动	自动	自动	手工
5 级	自动	自动	自动	自动

- 1 级水平：不能实现作业的人机分离作业，作业者劳动负荷高。设备投资少，加工精度和速度需要依靠作业者的技能和熟练度，设备的先进性较

差，所有的作业均靠人工，在制品容易堆积，搬运效率较低，作业和搬运的灵活性较强。

- 2级水平：实现了作业的人机分离，人机配合效率提高；作业者劳动负荷降低；设备投资加大；设备的先进性提高了；加工精度和速度靠数控设备，对人员的操作技能和熟练度要求较低；上下料和搬运靠人工；在制品较少；搬运效率较低；作业和搬运的灵活性较强。

- 3级水平：实现了作业的人机分离，人机配合效率更高；作业者劳动负荷降低；设备投资比2级水准稍高；设备的先进性提高了；加工精度和速度靠数控设备，对人员的操作技能和熟练度要求较低；下料实现自动排出；上料和搬运靠人工；在制品较少；搬运效率较低；作业和搬运的灵活性较强。

- 4级水平：实现了作业的人机分离，人机配合效率更高；作业者劳动负荷降低；设备投资比3级水准高；设备的先进性提高了；加工精度和速度靠数控设备，对人员的操作技能和熟练度要求较低；上料、下料均实现自动化；搬运靠人工；在制品较少；搬运效率较低；作业和搬运的灵活性较强。

- 5级水平：实现了作业的人机分离，人机配合效率更高；作业者劳动负荷降低；设备投资比4级水准高很多；设备的先进性提高了；加工精度和速度靠数控设备，对人员的操作技能和熟练度要求较低；上料、下料和搬运绑定在一起实现自动化；在制品较少；搬运效率提高了；作业和搬运的整体灵活性下降了。

设备加工物流自动化水平可以帮助企业提升加工和运输的效率和灵活

性。随着自动化水平的提高，设备投资额会增加，对生产现场的生产组织能力的要求也相应地提高，设备的灵活性也会受到局限。与企业管理水平比较契合的自动化水平为 2 ～ 3 级。

进行设备柔性选择需要考虑的第 3 个问题是如何处理大批量制造和多品种、小批量需求之间的矛盾，即批量化的规模制造和单件的灵活生产之间的平衡。企业以前在设备选择上比较重视设备的加工速度和生产批量，所以当"供不应求"生产批量大的时候，可以高效、低成本地予以应对；但是当"供过于求"时，企业只有选择生产批量小的、换产灵活的设备，才能和客户多品种、小批量的需求相匹配。当企业经过 PQ 和 PR 分析后，把客户需求量大的产品匹配大批量生产的设备；对于客户需求量小但是品种、规格多的产品，用小批量、品种切换灵活的设备进行制造。企业在进行设备投资规划时一定要做好这种设备组合的规划。

图 2-5 是生产注底安全鞋的设备组合图。常规号的安全鞋需求量很大，鞋码也基本是几个常规号，企业可以采用高速自动化的设备，按照常规化的鞋码配置好模具，高速、大批量地生产这种订单，减少因为鞋码变化进行模具变更和调整的停机损失。对于超小和超大等特殊鞋码的订单，可以采用单件注底机进行生产，安排 1 ～ 2 名专门的作业者按照订单要求，手工进行注底作业和进行不同鞋号的模具切换，这样可以在不影响自动化注底机高效运转的情况下实现不同鞋号订单的生产组织和灵活交付。

- 对于特殊号鞋，用单件注底机生产
- 对于常规号鞋，用自动化注底机生产

图 2-5 生产注底安全鞋的设备组合图

2.5 快速换产能力建设要点

随着产品功能和性能的提升，制造产品的生产设备的专业化和复杂性也在加大，相应的设备投资也急剧升高。在考虑产品的工艺相似性后会将一些小批量需求的产品进行混线生产。在这个过程中，因为切换需要进行模具、夹具、刀具、程序和物料等生产要素的变更和调整，造成的停产损失时间会较长。在某些行业中，换产损失时间有时会达到十几个小时到几天的程度，造成的产能损失非常大，对客户的多品种、小批量、短交期的要求影响很大。为了解决这个问题，企业以前采用的方法叫经济批量法（Economic Order Quantity，EOQ），经济批量就是由停产调整而造成的费用损失和因减少换产次数而产生的存储费用，依据这两种费用之和而确定的最小批量。EOQ 的原理如图 2-6 所示。

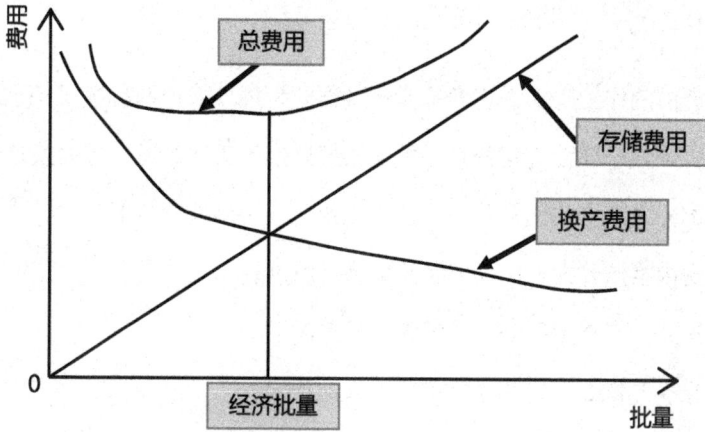

图 2-6 EOQ 的原理

EOQ 只是从减少换产次数来解决换产时间的单位成本损失问题，并没有从根本上缩短换产时间，而且随着换产次数的减少，生产批量加大，现场在制品堆积，生产提前期拉长，应对客户多品种、小批量的能力急剧下降，所以 EOQ 在提升企业生产制造能力的柔性方面是有百害而无一利的。

要从根本上解决这个问题，就需要从缩短换产时间上想办法，这个系统的快速换产的方法叫单分钟换产（Single Minute Exchange of Die，SMED），它是 20 世纪 50 年代以日本的新乡重夫为代表的工程专家经过长期的实践探索，总结出的一套能有效缩短产品切换时间的理论和方法。快速换产是指从上一个品种的产品生产结束到下一个品种的第一个合格产品产出，确认设备运行状态之间所消耗的时间。快速换产分为准备作业、切换作业和调整作业三大部分工作，其中包括换产准备、加工程序更换、检具更换、刀具更换、工装夹具的更换、模具的更换、产品首件的确认等工作内容。尽管换产时间属于没有价值产出的被浪费的时间，但对于多品种混线生产的情况，换产作业无法从根本上消除，需要通过改善尽可能地缩短换产时间。

SMED 换产"六步法"如下：

- 换产前的作业写实，将换产作业过程分为内外换产两种情况；

- 将内外换产作业内容分开，提前做好外换产工作，缩短整体换产时间；

- 将部分内换产作业转化为外换产作业，缩短整体换产时间；

- 缩短内换产作业时间，缩短整体换产时间；

- 缩短外换产作业时间，缩短整体换产时间；

- 清除换产作业，向实现换产零损失而努力。

其中，内换产作业是指必须将设备停机才能够做的换产工作，如卸装模具、调整等；外换产作业是指能够在设备运转的同时而进行的换产工作，如模具、工具、刀具、材料的准备等。在对换产进行作业写实时需要使用的相关表单示例如表 2-4 所示。

表 2-4　快速换产分析表示例

机器 / 设备：120 吨 冲床		从 A 产品切换到 B 产品				日期：2022 年 7 月 5 日		工作表：1/1
流程名称：切换作业						观察者：李四		改善建议
序号	作业描述	记录时间	使用时间	内部换产	外部换产	注释	新内部时间	新外部时间
1	推车 H 到压床的右侧	54 秒	54 秒	√	√	外部化		54 秒
2	卸下模具，将其放到推车 H 上	1 分 30 秒	36 秒	√		使用提升辅助装置	21 秒	
3	清洁模具	2 分 28 秒	58 秒		√	外部化 - 下一循环开始后做		58 秒
4	移开材料包装	3 分 59 秒	91 秒		√	外部化 - 在前一循环期间做		91 秒
5	装入第一件	4 分 48 秒	49 秒	√		装入简单化改善	10 秒	
6	运行第一件	5 分 03 秒	15 秒	√				
7	微调右侧高度	6 分 14 秒	71 秒	√		需永久设置	12 秒	
8	降低模具高度	7 分 09 秒	55 秒	√		改善微调	20 秒	

（续表）

序号	作业描述	记录时间	使用时间	内部换产	外部换产	注释	新内部时间	新外部时间
9	微调模具左侧高度	7分48秒	39秒	√		改善微调	20秒	
10	降低模具高度	8分17秒	29秒	√		改善调整	16秒	
11	旋紧两侧螺丝	8分41秒	24秒	√		改变紧固方式	10秒	
12	下一循环开始	9分29秒	48秒	√				
合计			569秒				109秒	203秒

表 2-4 可以将换产作业中的内外换产工作进行识别和区分，在设备停机前做好外换产的准备工作，等设备停机后再进行内换产工作，这样可以缩短换产时间。

同时，还可以将一部分内换产工作改善到外换产中进行，这样可以继续缩短换产的整体时间。如图 2-7 所示，改善前，模具的四个部分要停机后分别更换、安装和调整作业，耗时很长，设备停机损失很大；改善后，可以将这四部分模具在停机前组合好，等停机后进行一体化的下模和上模作业，不仅大幅缩短了以前需要停机后分别进行上下模作业的时间，还消除了上模后的调整等作业时间，可以极大地缩短和优化整体换模时间。

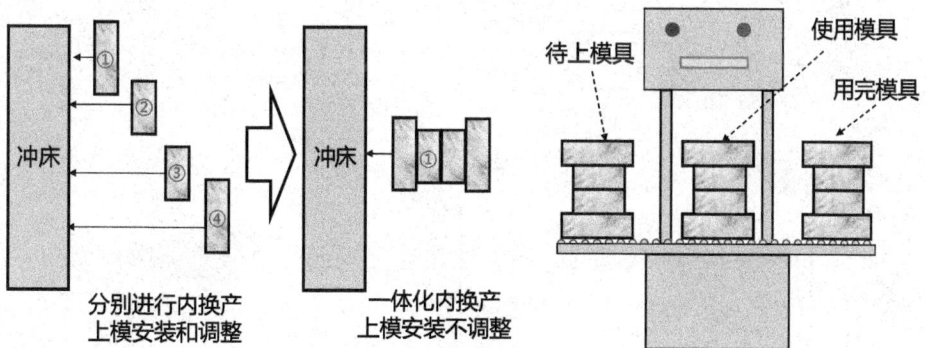

图 2-7　将内换产转化为外换产

当将内换产转换到外换产，缩短换产时间的改善机会用尽后，就需要从缩短内换产的改善方向上想办法来继续缩短换产时间。内换产工作主要是切换和调整两个方面的工作内容，缩短内换产的工作时间要针对这两方面的工作内容和特点进行。其中，切换的工作是将使用完的模具、夹具、工装、刀具等拆卸下来，然后将新的模具、夹具、工装、刀具等安装上去，这个过程中最核心的也是最耗时的工作就是拧下和拧上各种联结用的螺栓、螺钉。针对螺栓、螺母拧紧的时间长、工作负荷重的情况，可以采用消除螺栓紧固或者减少紧固作业内容和程度的方式进行改进，例如，采用 U 形垫圈、压杆、插销、蝴蝶扳手、卡式插座、凸轮轴式锁紧、葫芦孔等方式减少切换作业过程中的紧固时间并减少工作负荷。在拧紧和拆卸的过程中还可以对拧紧工具进行改进，比，采用以电动、气动或者液压为动力的拧紧工具进行安装和拆卸作业都可以降低劳动强度、缩短作业时间，改善的效果都很不错。具体的拧紧改善方法如图 2-8 所示。

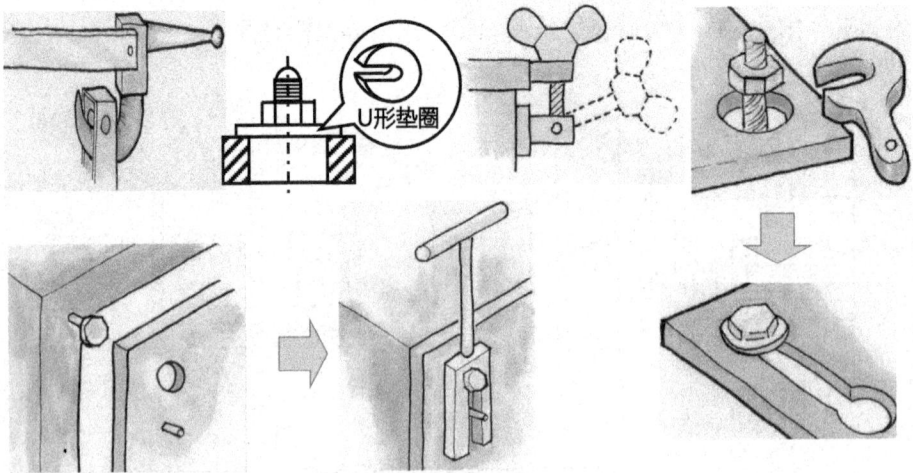

图 2-8　简单、高效的拧紧方法

缩短内换产时间的另一个改善方向是改进切换后需要多次调整才能够生产出合格的产品，最终完成产品切换过程。调整和试运行占用的时间可以达到切换总时间的一半以上，损失和影响非常大，企业在进行调试改善上需要从根源分析为什么需要调试，什么状况下需要调试，只有找到这些问题的根源，才能有针对性地改进、优化和解决这些问题。需要进行调试的几个核心问题如下：

- 模具、夹具、工装的标准化程度较差，安装后需要调试；

- 没有对安装位置和高度制定基准，每次切换凭经验进行操作，然后进行调试；

- 没有对不同产品切换时的调整位置制定基准并目视化，需要频繁进行调试；

- 设备定位精度不足，以及物料的公差控制等问题造成的调试工作等。

针对没有进行标准化的问题，需要对模具、夹具、工装的高度等尺寸进行标准化改进和管理；针对安装位置和高低没有基准的情况，需要在设备的中心位置、连接部位制定出模具、夹具、工装等明确的高度基准，后面利用中心定位销、压块、定位块等手段解决问题；要将摸索出的各种产品的调整位置采用目视化的设置值和参照线进行清晰、明确的标识，解决内换产调整时间长的损失问题。针对设备定位精度不足的问题，需要企业推行全员生产维护（Total Productive Maintenance，TPM）改善活动，定期对设备的基准面进行校验和处理；针对物料的公差控制等问题，需要推动供应商的协同改善工作，重点抓供应商制程的组合公钥管理，供应商的模具编号管理，以及履历追溯管理。缩短和优化内换产调试时间的改进方法和工具如图 2-9 所示。

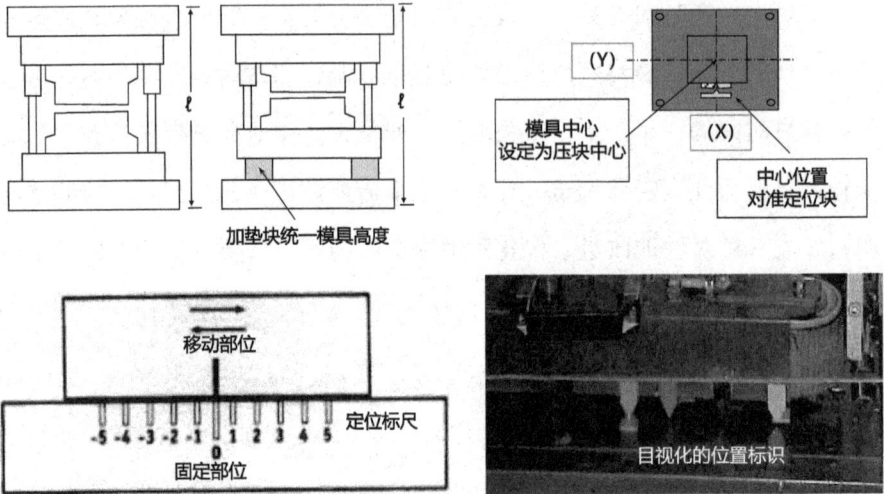

图 2-9   缩短和优化内换产调试时间的改进方法和工具

实施 SMED 换产"六步法",企业可以将柔性生产制造的快速换产能力建设起来。快速换产能力可以缩短产品的切换时间,企业的生产批量可以更小。如果可以实现换产时间"零"化,生产批量就可以降为"1",企业就具备了"单件流"的生产能力,生产提前期就可以实现大幅缩短,企业应对客户的多品种、小批量、短交期的需求的能力就会更强,企业获得生存和发展的能力也就越高。

2.6   供应商队伍建设和管理要点

制造型企业满足客户的多品种、小批量、短交期的需求的另一项挑战体现在供应商的物料准时调达能力上,供应商的物料调达是否可以满足客户的多品种、小批量、短交期的要求,是与供应商的业务信息处理能力、供应商的原材料购买和调达水平、供应商的生产过程管理好坏，以及供应商的物流配送及时性等关键业务直接相关的，故企业的柔性生产制造能力建设的另一个核心是供应商队伍的建设和管理。

1. 对生产物料进行分类，制定生产物料采购策略

制造型企业从内部加强物料管理的角度出发，一般从采购金额和库存占用面积等方面对生产物料进行分类，区分关键的少数和次要的多数，然后针对不同等级的物料制定相应的管理和控制策略与方法。从提高制造型企业柔性制造能力的角度出发，在关注以上管理内容的同时，对于生产物料的分类，要更加关注物料调达的稳定性、可靠性、易得性和采购批量效益性之间的平衡。生产物料的分类如下。

- 标准化程度很高，购买易得性很好的物料被定义为"一般性采购物料"。这类物料既标准又易得，可以提供此类物料的供应商很多，市场价格也开放和透明，可以采用"多点寻源"纯粹的市场性价比采购模式进行供应商的选择。

- 专业化程度很高，供应商数量很少的核心、关键、瓶颈型物料被定义为"战略性采购物料"。针对这种物料，要采用"单点寻源"的方式选定合适的供应商进行深度、全方位的战略性合作，要从战略协同、技术共享、联合开发、相互持股等方面建立非常紧密的合作关系，建立"命运共同体"性质的超长期合作关系，甚至是无限期的合作关系。

- 这两种物料以外的物料一般均被定义为"稳定性采购物料"。针对这种物料，一般从供货安全性和批量采购效益等方面进行综合考虑，采用"两点寻源"的方式选定合适的供应商进行合作。合作方式一般是采用信息透

明、相互信任、供货稳定、相对长期的合约等模式进行，在技术、培训、联合库存管控、联合成本改进等方面与供应商进行一定程度的合作。

通过对生产物料进行分类，可以帮助企业确定物料的采购策略是采用完全市场化采购的"多点寻源"方式选择供应商，还是采用"单点寻源"方式确定战略性的供应链合作伙伴，抑或采用"两点寻源"方式建立稳定、可靠的供应商队伍。这样在满足客户的多品种、小批量、短交期的需求的同时，可以满足物料调达的稳定性、可靠性、易得性和采购批量经济效益性等管理要求。

2. 改变供应商管理策略，进行合格供应商管理还是最佳供应商管理

企业在进行供应商选择时一般采用资格认定的模式，看供应商在技术上是否合规，产品质量是否合格，价格是否最低。如果只是关注供应商的局部资质合格与否，就无法全面掌握供应商的情况，无法控制供应商的数量，每次在选择供应商时费时费力，最终选择的供应商还不一定是最佳的。

而最佳供应商管理是对供方从企业的整体情况、生产制造、产品研发、质量管理、物流和交货、原材料采购、环境、资源管理及企业合作九个方面进行全方位的评估和比较，对符合条件的分供方进行打分和排序，最终确定1～2家分供方为最佳供应商。通过这种方法确定的供应商是综合能力最佳的，同时供应商数量也是很少的，可以和它们建立稳定、可控的供应关系，建立长期的合作模式，将后续的实际采购业务简单化、高效化，既要保证物料调达的稳定性、可靠性、易得性和采购批量的经济效益性，也要和最佳供应商队伍建立起共赢的业务模式。

3. 与核心供应商建立战略伙伴关系，控制供应商数量

当供应商数量过多时，会有管理工作量大、情况复杂、业务处理困难等问题发生。同时，如果供应商数量多，每家的采购量都不大，供应商的采购批量不易满足，那么企业不容易拿到一个有竞争力的采购价，在供应商这里没有话语权，所以，合理控制和管理供应商数量非常重要。合理的供应商数量管理可以产生以下效果：

- 发展有潜力的供应商，实现双赢；

- 更容易建立长期、紧密的合作关系；

- 增加单个供应商的采购批量，提高议价能力，降低采购成本；

- 增加透明度，简化采购双方的业务流程，提高供应效率；

- 在生产制造上实现批量效应，提高效率，降低成本；

- 货物的运输量上升，可以实现物流成本的优化；

- 在技术上进行深层次的绑定，协同合作开发新产品，提升竞争力；

- 在供应链体系中发挥更大的作用，建立供应链的高效协同机制。

减少供应商的数量，可以从以下几个方面去推动：

- 明确物料采购策略，按照"单点寻源""两点寻源""多点寻源"的原则对供应商清单进行审核和优化调整；

- 定期对"多点寻源"的供应商进行评价和优胜劣汰，保证此类供应商的竞争力；

- 与"两点寻源"的供应商建立战略联盟，推行业绩评价体系，引领和帮助供应商进行改善，提升供应商的制造和管理水平；

- 与"单点寻源"的供应商建立战略联盟，在产品和技术上有意识地进行全

系列、模块化的指导和帮助，提高供应的集约度，减少供应商数量；

- 在新产品开发和技术管理上推行价值工程，剔除不必要的功能或替代性的材料，推行简单化、模块化设计，减少物料的种类和复杂性，控制供应商数量；

- 推行标准化设计和管理，减少专用件，尽可能多地采用标准件、通用件，通过减少物料的品种、规格和数量来减少供应商数量。

4. 将战略性采购和操作性采购进行分离管理

传统企业的战略性采购和操作性采购是放在一起进行运营和管理的，轻采购策略管理注重采购操作实务，人们容易陷入日常采购的各种异常业务处置中而无法自拔。如果不能识别关键的少数和次要的多数，就要遵循"二八原则"进行管理，对供应商队伍的建设和管理进行系统的优化和提升。因此，将战略性采购和操作性采购业务进行分离，有针对性地组织和协调资源，有效地管控供应商队伍建设和管理工作，推动和促进日常操作性采购工作的正常进行是非常必要的。

战略性采购的工作重心如下：

- 根据不同的物料特点，制定差异化的采购战略和策略；

- 将更多的时间和精力用于优选最佳分供方的工作；

- 发展和整合供应商队伍（选择、评价、谈判、维护和优化）；

- 研究和分析供应市场的趋势和潮流，提高整体采购能力；

- 完善和优化采购业务流程；

- 控制、管理、优化和降低供应商数量；

- 采购成本降低计划的制订和具体事务的推进、实施；

- 管理和优化质量、交期、成本、付款等重要指标；
- 协同和支持新产品开发、新技术应用。

操作性采购业务的主要工作如下：

- 进行采购需求预测；
- 制订物料需求计划，管理物料的准时齐套性；
- 下达采购订单；
- 进行库存管理和优化；
- 进行物料接收和跟催；
- 进行物料采购、准时调达等业务的管理和控制；
- 与生产、供应商等协同部门进行交流。

通过对战略性采购和操作性采购业务的分离管理，可以将公司在采购战略、策略方面的规划工作和实际的采购实物运转进行综合平衡，提高供应商队伍建设和管理的能力，提升供应商的柔性供货能力。

5. 确定供应商战略联盟的原则、目标和合作方式

供应商战略联盟可以使企业和供应商建立非常紧密的合作关系，对整体供应链的协同和运营有非常重大的意义。供应商战略联盟应该遵循的基本原则如下。

- 互惠原则：合作双方都受益是战略联盟的基础。
- 开放原则：合作双方之间相互开放成本结构、发展战略、技术信息和产品信息。
- 超长期合作原则：战略联盟的合作是长期的、无限期的。

- 战略协同驱动原则：战略联盟需要供求双方在战略高度上建立协同机制。

- 相对排他原则：同一业务领域的战略联盟是具有排他性的。

供应商战略联盟的目标是追求整体价值最大化，要在安全、质量、成本、速度和技术等方面明确目标、协同推进。

安全方面的目标如下：

- 货源得到有效保证；

- 供货的可靠性、准确性和及时性得到有效保证；

- 降低供应链的整体风险。

质量方面的目标如下：

- 产品质量的稳定性和可靠性得到保证；

- 产品质量得到持续改进和提高；

- 服务范围和质量得到保证和持续改进。

成本方面的目标如下：

- 增加采购批量，降低采购单价，合作双方均获利；

- 协同改善，降低物料成本；

- 协同改善，降低物流成本；

- 协同改善，降低生产成本；

- 协同改善，降低机会成本。

响应速度方面的目标如下：

- 简化业务流程，提高工作效率，缩短采购提前期；

- 把握市场机遇，协同开发，缩短开发提前期，加快新品上市；
- 战略协同，加快整体供应链的反应速度。

技术协同方面的目标如下：

- 彼此之间相互开放和共享技术与产品信息；
- 双方优先获得最新的产品和技术研究成果；
- 建立新产品、新技术联合开发流程和机制；
- 联合开发新产品、新技术；
- 组织和资源的协同建设；
- 进度和信息的共享管理。

在供应商战略联盟的具体落地执行上，要从战略和战术两个层面进行合作。战略层面上的合作主要围绕以下内容进行：

- 合作双方承诺不做出有损双方或对方利益的行为；
- 可以通过相互间持股的方式形成"利益 / 风险共担"的合作关系；
- 签订 10 年甚至更长年限的合作协议书；
- 围绕增强彼此竞争力进行战略性的投资项目；
- 合作双方高层互访并亲自推动战略层面的合作。

在战术层面，双方要在相关业务部门建立长期、稳定和互惠的合作关系，相关部门的具体业务合作内容如下。

采购方面的合作如下：

- 签订长期的采购标准合同；
- 采购方承诺较大的采购量，供应商承诺最低的价格；

- 供应商承诺货源供应充足；

- 通过精益的物流配送协同，推行准时化供货；

- 供应链计划协同管理，消除"牛鞭效应"影响；

- 建立供应市场信息的双方共享机制；

- 通过电子商务平台实现信息快速、实时、准确地交流，建立联合采购平台；

- 双方协同进行降本改善活动。

技术方面的合作如下：

- 最新产品、技术动态信息的共享；

- 建立新产品、新技术的联合开发机制，提高联合开发能力，缩短开发提前期；

- 推行联合开发的"大部屋制"，提升协同开发的项目管理水平；

- 价值工程和标准化工作的协同推进与管理；

- 与供应商一起进行生产工艺流程和现场管理的协同改进工作。

通过建立供应商战略联盟合作，双方可以提高组织的总体运作效率，使双方的合作在制度和结构上得到有效保障，更好地实现双方管理系统的高效对接；同时，可以简化整体供应链上的业务环节，提高供应链的反应速度，缩短供应链上的反应提前期，更好地服务于客户的多品种、小批量、短交期的要求，降低供应链上的综合成本，实现共赢。

2.7　现场精益班组建设和管理要点

班组是企业组织生产运营活动的基本单位，是企业最基层的生产运行组织。班组管理是指为完成班组生产任务而必须做好的各项管理活动，即充分发挥全班组人员的主观能动性和生产积极性，团结协作，合理地组织和使用人、机、料、法、环、测等生产制造资源，充分利用各方面信息，使班组生产均衡、有效地进行，最终做到保质保量、如期、安全地完成上级下达的各项生产任务，所以生产计划、生产任务的完成要靠生产班组的实际表现来保证。如果在生产现场频繁地发生作业失误、设备故障、产品质量问题、物料短缺或者安全事故，将会影响生产计划的进度和完成状态，最终体现在准时交付的水准上，影响客户的满意度。故加强现场精益班组建设，提升生产现场、生产班组的运营和管理能力也是提升企业柔性生产组织规划和建设能力的一个重要方面。具体的推行方法和管理要点包含以下几个方面的内容。

现场精益班组建设要点：健全班组队伍建设

一个合理的班组组织应该由一名班组长和数名班组成员构成，其中班组长要有明确的岗位职责、合理的管理跨度，班组成员要有清晰、明确、合理的操作标准，这样一个班组将来才有可能在班组长的领导下，按照规范的工作标准来生产产品，保质保量、如期地完成工作任务。企业班组建设的问题如下。

（1）如何定义班组长的岗位职责。很多有问题的企业并没有从现场加强管理，提升班组运营能力和水平的角度考虑问题；不知道应该让班组长管理和负责什么工作，以及什么工作是最重要和最合理的；班组长的岗位职责定义是非常模糊、不合理的，更多的是将班组长定义为在生产现场查遗补漏的救火队员，将他们当作具备多技能的高级作业者；有时还会给这些班组长安排作业岗位去工作，造成班组长现场监督、管理职能的缺失，从而导致每天每个班组各种异常问题频发，无法保证生产质量和效率，客户服务水平很低，班组长常常陷入处理各种异常问题而不能自拔的怪圈。

（2）班组长管理的跨度问题，即管理几名员工比较合适。因为对班组长管理工作的重要性和专业性重视度不够，所以在班组成员的管理跨度上不尽合理，认为班组成员越多越好。有时候一个班组长要管理上百名员工，在实际的现场监督、管理工作中，班组长根本照顾不到每位作业者，每次确认出勤名单都需要很长时间，更不用说对员工技能、工作态度、产品质量、生产效率进行全方位有效的监督和管理了。

（3）作业者的定岗定编、标准化操作和管理问题。很多制造型企业不知道应该如何进行定岗定编，对于应该如何设定标准化操作基准及如何管理标准化操作也不重视，由此造成生产班组在成员构成上没有清晰的标准，生产班组的生产能力管理较粗放，将来按照生产计划完成生产任务的稳定性和可靠性没有保证，客户的满意度也不高。

针对以上问题，在现场精益班组建设方面要有针对性地改进和提升。

（1）明确班组长现场监督和管理职责，提高班组长现场监督管理能力。

（2）调整和合理配置班组管理跨度，按照人员管理的基本跨度规律，班组成员6～8人比较合理，可以依据生产工艺的特点和生产班组的标准化作业的设定和管理水平，考虑每个班组长管理1～2个班组。如果一条生产线很大、很长，作业者很多，也可以参照6～8人的管理幅度，考虑工艺的特点将一条生产线的管理划分为几个小组分别进行管理，以便通过有效的管理跨度，实现对精益班组的有效管控。

（3）制造型企业导入标准作业管理技法，按照客户需求的节拍，设计生产班组应该需要配置多少名员工，完成定岗定编；按照标准作业的节拍、作业顺序和工序间标准在制品数量三个管理要素制定每个生产班组的操作标准；然后再针对每个岗位制定"作业要领书"，用于规范和管理生产现场作业者的标准化操作，保证产品质量，提高生产效率，确保准时交付，提升生产班组的柔性生产能力和水平。

现场精益班组管理要点 1：健全班组管理要素

很多制造型企业对班组管理没有清晰的思路和明确的目标，在班组管理上非常粗放，在准时交付、产品质量、生产效率管理等方面能力不足，这些问题最终都体现在了生产成本上。那么，健全的班组管理要素都有哪些？具体可以参见图 2-10 中的六个管理对象和七个管理维度。

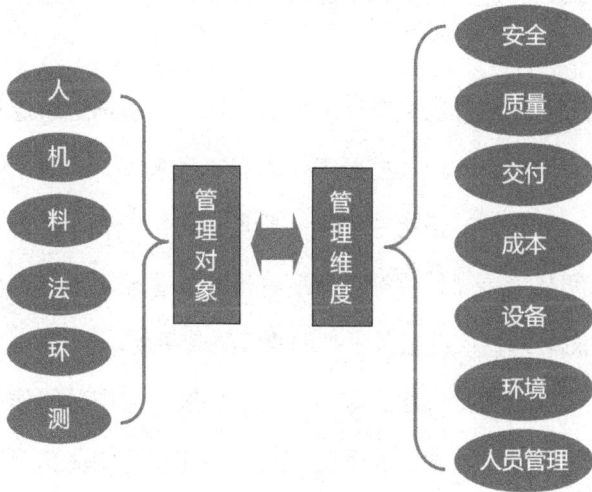

图 2-10　六个管理对象和七个管理维度

现场班组管理的对象和维度是不同的，只有将现场班组管理的对象和管理维度予以区分，才能明晰管理的方向和内容。只有将人、机、料、法、环、测等对象进行全面、合理的管控，才能在安全、质量、交付、成本、设备、环境和人员管理七个维度上收获满意的结果。

现场精益班组管理要点 2：明确班组管理的层次

在明确了精益班组管理的对象和维度后，在实际的现场管理中应该采用什么措施，需要从班组管理的层次上继续进行细分。精益班组管理分为三个层次。

（1）维持活动是精益班组管理中最基础、最重要的一个层次。当生产现场的班组运行基准确定后，操作者要按照标准作业的要求遵守作业节拍，保质保量、高效率地生产产品；班组长在现场要定期对现场操作中各种管理基准的遵守情况进行检查，并督促整改。当现场出现问题，产生异常时，班组长要组织和协调资源，及时解决问题，使生产现场尽快恢复正常，然后进行分析和研究，找到问题发生的根本原因，推动相应的改善工作，从而在根源上解决问题。

（2）改善活动是精益班组管理的第二个层次。现场班组通过维持管理将操作者的作业和班组长的现场监督工作均安定下来以后，为了提升班组现场精益管理水平，需要针对班组在安全、质量、交付、成本、设备、环境和人员管理七个维度制定更高的目标，然后将现在的管理水平和目标之间的差距作为继续改进的动力，推进精益班组的持续改善活动。

（3）人才育成是精益班组管理的第三个层级。生产班组作为生产现场最基层的组织，是由班组长和作业者组成的一个团队，团队构成中最核心的资源是作业者。在精益班组中，针对人、机、料、法、环、测等管理对象，围绕安全、质量、交付、成本、设备、环境和人员管理七个维度进行的管控过程是培养作业者安全、质量、成本、环保等意识，以及学习、培养和提升操作者各种专业技能的过程。班组成员意识的增强和技能的提升会为现场班组的正常和高效运营提供有效的保证。

现场精益班组管理要点 3：抓班组长的管理工作规范

对生产现场的班组长来说，在每个班次需要做的管理工作非常多，既要关注人、机、料、法、环、测等生产对象的运行情况，又要在安全、质量、交付、成本、设备、环境和人员管理七个维度上加强管理。每天的现场监督管理工作繁杂，合理安排好各项工作非常重要，现场精益班组只有从班前、班中和班后三个时间段建立起以上管理要素的工作规范，才能将生产现场繁杂的监督管理工作做到位，帮助企业实现效益目标。精益班组长每班管理工作规范如表 2-5 所示。

表 2-5　精益班组长每班管理工作规范

区分	内容	管理手段
班前	交接班管理	交接班记录
	确认本班生产计划	日别生产计划
	开班前会（确认出勤，讲解安全劳保、品质、生产等相关注意事项）	班前会议
	确认设备状态、物料准备等相关事项	现场巡视、确认
班中	开班检查和确认安全管理事项及隐患识别	安全隐患识别表
	开班生产进行首件检查，确认开班正常生产状态	首件台、首件记录
	与车间主任进行每日管理例会	T2 会议
	确认标准作业执行情况（节拍、手持、作业顺序三要素）	现场巡视、确认
	进行员工作业标准遵守情况点检	现场巡视、确认
	进行小时别产品巡检	抽检记录
	进行小时别的不良品收集、识别、分隔及解析工作	红箱、不良品记录表
	进行现场 5S 维持管理点检及整改	5S 点检及整改表
	每班员工改善提案资料的收集与判定	改善提案表

（续表）

区分	内容	管理手段
班中	每班进行分层审核检查、整改	分层审核点检表
	每时段确认生产进展情况并将其更新在生产管理板上	生产管理板
班后	确认当班生产实绩及品质实绩	每日生产日报
	确认现场整理、整顿、清扫等工作进展情况	现场巡视、确认
	确认当班工废、料废的实物及数据记录	不良品记录表
	整理相关管理数据，更新班组管理板	班组管理板
	交接班准备工作	

现场精益班组管理要点 4：建立和运行问题与异常处理机制

现场生产班组在运行时不可避免地会发生各种异常情况，比如，因物料尺寸超差而造成装配作业无法进行；因设备故障而造成生产设备停机；因物料配送不及时而造成生产线停线；因作业者作业技能不足、不熟练而造成生产节拍延误等。这些问题的发生会延误生产进度，对生产计划、生产任务的准时完成造成影响，故生产现场班组需要建立起问题和异常处理流程和机制，在生产现场快速暴露问题和解决问题非常重要，这也是生产现场班组生产能力柔性建设的重要一环。

在生产现场，精益班组建立的异常处理规则如下。

- 当异常发生时，作业者的责任包括立即停止生产，向班组长报告，遵循"停止、呼叫、等待"原则处理异常。

- 当异常发生时，各部门的责任包括在确定异常发生时，品质、设备、物流、技术、工艺等部门的负责人到现场处理异常问题。

- 当异常发生时，班组长的责任包括立即赶到现场，确认异常发生情况。如果是作业延缓问题，那么班组长需要帮助作业者作业，解决问题；如果是品质、设备、物料运输、工艺等问题，那么班组长就要联系相关部门的员工赶到现场解决问题。

- 在生产现场使用异常报警和提示的管理道具，加强问题解决机制的高效运转。
- 使用异常报警和提示管理道具，把异常发生的区域和位置醒目地显现出来。
- 使用异常报警和提示管理道具，把异常的责任部署明确下来。
- 使用异常报警和提示管理道具，把异常的损失和影响显现出来。
- 使用异常报警和提示管理道具，把异常问题及时、准确地暴露出来，同时通过警示灯、呼叫铃等方式将相关部门的员工及时呼叫到异常发生的现场。异常报警和提示管理道具的样式如图 2-11 所示。

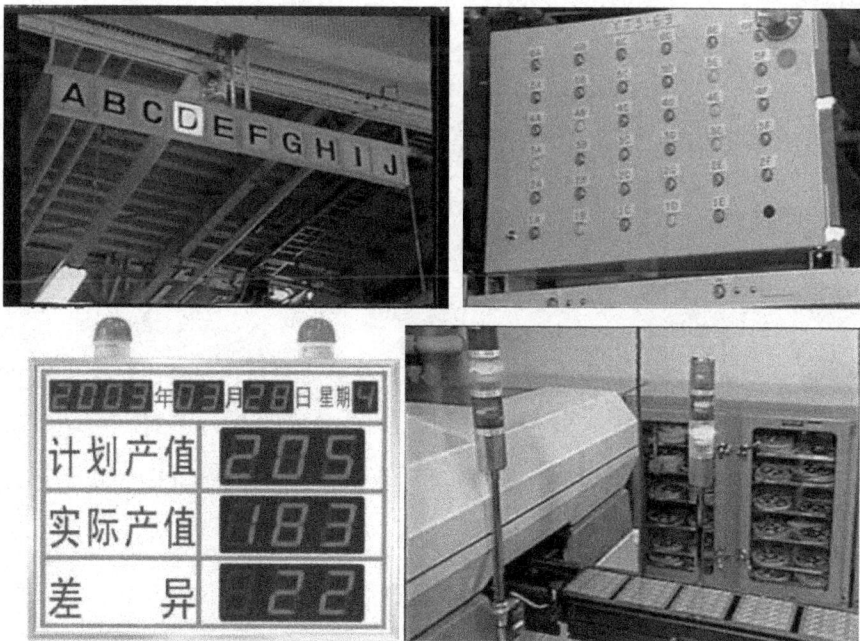

图 2-11　异常报警和提示管理道具的样式

通过建设精益班组队伍，也就是通过健全班组管理要素、明确班组管理层次，制定班组长的管理工作规范，建立和运行异常问题处理机制来提升现场班组精益管理能力，以实现一个安全、可靠的生产现场，确保高效、高质量地完成生产计划和生产任务，构筑起现场班组的柔性生产制造能力，从而更好地满足和服务于客户。

第 3 章

柔性生产计划制订方法

3.1 "拉式计划"和"推式计划"的作用与异同

在制订柔性生产计划前要搞清楚"拉式计划"和"推式计划"的概念，明确柔性生产计划和它们的关系。"拉式计划"和"推式计划"现在有很多种说法，有人认为按照订单生产就是"拉式计划"，按照预测生产就是"推式计划"；有人认为在生产制造过程中的某个点设计"超市"，通过超市组织生产的计划方式是"拉式计划"，按照生产工艺的顺序从头开始组织生产的方式是"推式计划"；还有人认为精益生产的方式是"拉式计划"，MRP 就是"推式计划"。基本结论就是，"拉式计划"是先进的，应该发扬；"推式计划"是有缺陷和问题的，应该改进。人们对这两种计划的理解和应用是不同的，在生产计划的制订、执行和改进方面有很多做法也不同，这使得企业在优化生产计划管理体系时无所适从。

所以在制订柔性生产计划时要搞清楚"拉式计划"和"推式计划"的概念，每种计划方式可以发挥什么作用，它们之间的异同点又是什么，在什么情况下适用哪种方式。搞清楚这些问题对企业进行生产计划管理体系的优化和提升，建立柔性生产计划管理机制，提升企业生产组织运营能力是很有必要的。

首先需要明确的是制造型企业有几种核心的流动，其中物流是最基础也是最核心的。制造型企业的物流是按照生产工艺的流程顺序和要求对原材料进行加工、生产出半成品，进而加工制造出完成品的过程，制造物流的方向和顺序是明确和固定的。其次是信息流，信息流对生产物流的驱动方式的不同就是生产计划"拉"和"推"的不同。信息流对物流的驱动方式主要有两种方式。

第一种，接到了客户订单，明确了客户需要的具体产品、数量和交货时点，用订单驱动采购和生产制造流程，按照采购提前期和生产提前期正常组织生产，准时交付产品，让客户满意，回收资金，完成一个非常完美的产品交付过程，这就是图 1-1 产销关系分析中满足 A 类客户需求的生产和交付方式。这种生产和交付方式的特点如下。

- 这种完美的交付方式的前提条件是制造型企业的采购提前期和生产提前期之和要比客户的交货提前期短。

- 接到客户订单信息开始组织生产，生产计划、组织和运营模式较简单、有效。

- 不用提前准备原材料、半成品和完成品库存，按照采购提前期和生产提前期开展相关的采购和制造工作即可。

- 库存成本很少，现金流充沛，资金流动效率很高。

- 风险是如果做不到准时交付，那么会影响客户满意度，严重时会失去客户订单。

- 生产模式为订单式生产（Make To Order，MTO）和按照订单设计、制造（Engineering To Order，ETO）两种方式。

第二种，没有得到客户明确的订货信息，按照自己的预测驱动采购和生产制造流程，提前准备各种库存来保证在接到订单时能够准时交付，回收资金，完成成品的交付过程，这是图 1-1 产销关系分析图中满足 B、C、D 类客户需求的生产和交付方式。这种生产和交付方式的特点如下。

- 这种生产和交付方式的前提条件是制造型企业的采购提前期和生产提前期之和比客户的交货提前期长。

- 没有接到客户的订单信息，仅根据自己的预测计划就开始驱动采购、生产制造流程。

- 如果是 B 类客户，就要提前预测原材料库存，保证准时交付；如果是 C 类客户，那么还需要增加半成品预测库存，如此才能保证准时交付；如果是 D 类客户，就需要提前预测准备好原材料库存、半成品库存、成品库存，如此才能保证准时交付。

- 按照预测组织生产，需要管理各级库存信息，以及订单和预测之间的变化和调整，生产计划的制订、生产组织和运营模式较复杂，执行起来难度很大。

- 提前准备各种库存会占用流动资金，影响现金流和资金的流动效率。

- 如果预测准确，那么可以保证准时交付；如果预测不准确，那么既不能保证准时交付，又可能会丢失订单，并且可能造成各种物料的呆滞、积压、损耗和报废等成本的损失。

- 生产模式为备库式生产（Make To Stock，MTS）。

A 类客户很难得，但大多数客户都属于 B 类客户、C 类客户和 D 类客户。当接到客户订单时，要么采购提前期不够，要么生产提前期过长，如果不做预测，不提前备库存，就无法保证准时交付。而按照预测备库存，如果预测准确，就可以马上交付，变相地鼓励客户继续缩短交货提前期；如果预测不准确，就会造成库存积压，占用资金，增加风险，同时不能保证准时交付。那么，应该怎样做？这时就出现了针对 C 类客户的折中的生产方式，就是按照订单装配。这种生产和交付方式的特点如下。

- 这种生产模式主要针对 C 类客户，企业的采购提前期与半成品的生产提前期之和要比客户的交货提前期长。

- 如果没有接到客户订单，就要做出预测计划，开始驱动采购业务流程和制作生产流程，提前准备原材料和半成品库存。

- 这种生产模式为了保证准时交付需要提前准备全品类的半成品库存，如果产品的标准化程度不高，需要准备的半成品库存就会很多，占用的资金也会非常可观，所以只有像戴尔这种标准化做得较好的企业才能够采用这种生产模式。

- 因为产品的标准化做得较好，所以准备的是全品类的半成品库存。企业可以按照订单安排装配，根据半成品库存的消耗情况进行物料的补充采购。企业的采购计划、生产计划、生产组织和运营模式相对简单，也较容易管控。

- 企业在接到客户订单信息后，直接驱动装配流程，在进行装配生产后交付，也可以缩短交付提前期，实现在较短的交货提前期下准时交付。

从以上分析中可以看出，"拉式计划"和"推式计划"没有好坏之分，它们的区别在于驱动制造物流的是最终的订单还是以企业主观意识为主的预测信息，它们的最终目的都是拿到客户订单，保证准时交付，只是它们应用的基础条件不同，付出的成本和代价不同。当企业的采购提前期和生产提前期之和小于客户的交货提前期时，就可以采用"拉式计划"，应用 MTO、ETO 的生产方式，不用付出备库存的成本，用较简单、可控的方式就可以制订生产计划，驱动生产资源，完成生产任务，保证准时交付，很好地服务于客户。当企业的采购提前期和生产提前期之和大于客户的交货提前期时，就只能实行"推式计划"，采用 MTS、ATO 的生产方式，制订预测计划，准备各种库存，这时成本会增加，风险会加大，生产计划的制订和运营方式会更加复杂，企业也无法保证准时交付。如果要将"推式计划"转化为"拉式计划"，核心就是缩短采购提前期和生产提前期，要想实现这种转变，可以借鉴第 2 章中介绍的工具和方法，提升企业的生产制造能力，缩短生产提前期。

企业柔性生产计划的制订就是在充分了解和把握企业管理的基础和特点的基础上，采用合适的制造模式和计划方式来高效地组织资源并卓越地运营，从而保证交付，更好地服务于客户的一种有效的方法。柔性生产计划制订有八招，具体如下。

3.2　柔性生产计划制订第一招：制造产能的柔性设定

制造产能是制造型企业满足客户订单要求需要配置的生产资源。随着客户需求的变化，以及制造过程中发生的设备故障、材料短缺、人员不足，产品质量等各种问题，企业会损失产能，对客户交付的承诺可能会产生影响。所以，如何合理地设定制造产能是柔性生产计划制订的第一个重点。

在 1.4 节中已经讲明产能是根据生产每个产品的标准工时核算出来的，企业的制造产能是用时间单位来体现的。

我国的法律法规中已经确定制造产能的标准为每班工作时间 8 小时，每周 5 个工作日，一周单班的标准制造产能是 40 小时。标准制造产能的体现是时间单位，背后需要投入的是人、机、料、法、环、测等生产制造资源，有的企业为了降低成本，提升投资收益率，会将相同的生产制造资源产能定义为每天 22 ～ 24 小时，每周的工作时间定为 6 ～ 7 天，认为这样来制定制造产能的标准才是成本最低、效率最大化的，殊不知这样制定制造产能的标准会有很大的风险。

- 客户需求有可能会发生变化，特别是在行业的生产销售旺季，客户订单在数量和品种上都有可能发生变化。如果这种变化是在现有生产满负荷的情况下继续增加生产量，企业就完全没有空间来应对这种调整和变化了。
- 不同制造型企业的运营和管控能力是不同的，因为设备故障、质量问题、缺人缺料等情况都会造成产能的损失，这些损失如果是在生产满负荷的情况下频繁发生，就会影响准时交付，使客户不满。
- 如果企业在满负荷的情况下发生订单增加或者产能损失等情况，就要频繁地调整生产计划，而这样的调整会对供应链上的供应商的计划协同造成很大的影响，使供应商很难保障物料的准时齐套性，最终会体现在企业的交付上，影响客户满意度。

以上这些风险都和制造产能的标准设定有必然的关联，如何控制这些风险对生产计划的影响，保证准时交付，需要对产能标准进行优化。对制造产能进行优化和改进的重点是建立产能缓冲，应对客户需求变化和产能损失对准时交付的影响，采取的具体措施是对生产线的标准工作时间进行各个等级的缓冲划分，其中主要有以下几种划分。

（1）标准产能

- 每班 8 小时工作制，每天生产班次的安排不超过两个班次。
- 在两个班次中间留出 4 小时，作为当班各种异常问题处理的加班缓冲产能，确保每个班次的异常问题在当班就解决掉，确保每个班次的生产计划百分之百地完成，从而保证每班生产计划执行的稳定性和可靠性，解决因为各种异常损失而频繁调整计划的问题，减少变更对后续生产安排和供应链调整的影响，保障后续生产计划的稳定性和可靠性。

- 如果当班的损失通过加班还不能弥补，就不要随便调整后续班次和日别的生产计划，可以将这部分损失通过周末加班来予以弥补，尽全力保持每周生产计划的稳定性。

- 按照这样的设置，每周单班标准制造产能为 5 天 40 个小时，两个班次为 80 小时。

（2）溢出产能

- 根据劳动工学的研究，在每班正常工作时间之外，可以有 2.5 小时的加班产能，每周可以安排周六加班一天。

- 一定要保障员工周日的正常休息时间，同时也可以进行日班和夜班的出勤调换工作，保障作业者有一个合理的出勤和休息时间，从而保障日常正常的工作出勤和工作效率。

- 溢出产能每班可以增加到 10.5 小时，即 8+2.5=10.5（小时）。单班每周产能可以溢出到 63 小时，即 10.5×6=63（小时）。两个班次的产能可以溢出到 126 小时。

- 溢出产能可以比正常产能提升 50% 以上，一般可以覆盖住客户需求的波动和生产现场的异常损失幅度，生产计划的执行会比较有效，计划调整可以得到有效控制。

（3）最大产能

- 当溢出产能不能满足客户需求并覆盖生产线异常损失的影响时，就需要使用生产线的最大产能。最大产能是指生产线在人员数量不变的情况下，每班工作 12 小时，每天的产能为 24 小时。

- 每周工作 7 天的作业者全部要上班生产，周日必须留出 1 个班次的倒班休息时间，否则就无法完成白班和夜班的倒换，会对作业者的生活和出勤作业造成很大的影响。

- 最大产能为 156 小时，即 24×6+12=156（小时），比标准产能增加将近一倍。

- 作业者在满负荷的情况下，基本没有休息时间，他们的压力非常大，这种情况注定是不能持久的，否则人力资源会受到根本性的损害，后续的生产任务无法完成。

- 最大产能只能是一种临时性的应急措施，一定要控制在 1～3 个月之内，这样才可以采用。

- 最大产能基本没有在作业时间上应对客户需求波动和异常损失的空间，企业必须从外包、增加人员等方面采取措施，扩大产能，从根本上解决问题。

3.3 柔性生产计划制订第二招："时间域"管理

生产计划要平衡客户需求和企业生产交付能力之间的关系，这个关系中包含客户需要的产品品种、规格、数量、时点等。在供过于求的状态下，保质保量和低成本是必须的，能够在更短的时间内保证准时交付已经成了企业的一个核心竞争能力。柔性生产计划制订第二招就是通过对各种"时间域"的筹划和合理应用，帮助企业筹划和组织好各种"时间域"的配置和组合，实现准时交付。制订柔性生产计划时需要了解和应用的"时间域"如下。

（1）交货提前期

● 是指客户从下订单的时点到要求交货的时点之间的时间段。

● 具有客户独立需求的属性，完全没有规律性，可以应用大数据工具去研究。

● 在市场环境供过于求的情况下，交货提前期呈现出越来越短的趋势。

● 是制订主生产计划时需要使用的要素。

（2）采购提前期

● 是指从企业给供应商下达采购订单的时点到供应商将订单要求的物料送到企业仓库入库的时点之间的时间段。

● 具有"相依需求"的属性，有内在的逻辑和规律可循，是制订采购计划时需要使用的要素。

● 这个提前期时间包含供应商接收企业订单的时间、自己采购原材料的时间、供应商生产制造的时间、发货时间、物流送货的时间，以及办理入库的时间。

● 这个过程中有很多业务改进空间，重点要抓供应链的整体协同改进，特别是在供应商队伍建设、供应商管理及物流配送等方面进行改进和优化，缩短每个业务占用的时间，从整体上优化和缩短采购提前期。

- 具体可以借鉴第 2 章第 6 节中介绍的方法和措施来进行改善。

（3）生产提前期

- 是指从生产指令下达的时点开始，到产品制造完成入库结束的这段时间。

- 具有"相依需求"的属性，是制订柔性生产计划时必须使用的要素。

- 由物料的制作时间、装配时间、切换时间、排队等待时间、搬运时间等构成。

- 如果在生产制造过程中有多个并行的工艺路径，那么应选择最长的生产路径时间为生产提前期。

- 既是制造型企业的核心流程时间，又是决定制造型企业生产能力的重要因素。

- 对物料的制作时间和装配时间要加强同步化生产管理，缩短产品的加工提前期。

- 要缩短或者消除物料的排队等待时间及搬运等不增值的时间。

- 具体可以借鉴第 2 章中介绍的方法和措施来进行改善。

（4）累计提前期

- 是指采购提前期和生产提前期的合计时间。如果有多种物料，就以采购提前期最长的时间为准，生产提前期也是以工艺路径最长的时间为准来进行计算。

- 具有"相依需求"的属性，可以逻辑化和模型化。

- 是极为重要的时间要素，决定了将来在制订柔性生产计划时产销协同的职责划分和协同配合的基准。

（5）切换时间

- 当在同一条生产线上生产不同的产品时，需要对设备、工装、夹具、程序等进行调换，或者对生产线边的物料进行更换等作业。切换时间是指从生产线开始停线切换的时点开始，到切换工作全部完成，最终生产出第一个合格的产品时点为止的时间段。

- 切换时间越长，产能损失越大，成本损失就越高。通常应对这种损失的手段就是在制订生产计划时采用拼单、加大生产批量、提前生产、减少切换次数的方式，即采用"经济批量法"解决问题。

- 采用"经济批量法"解决换产时间长的问题，即通过减少换产次数来减少切换时间的损失，但是这样做会加大生产批量，增加生产现场的在制品数量，拉长生产提前期，应对客户的多品种、小批量、短交期的需求的能力是下降的。

- 可以采用精益的 SMED 技法，在不减少切换次数的前提下切实缩短切换的时间损失。

- 只有切换时间短，在对柔性生产计划进行排产时才能够更好地满足客户的多品种、小批量、短交期的需求。

（6）供应期

- 是指每采购一次物料可以供应生产线多长时间，这个时间越短越好。

- 供应期越短，对客户需求变化的反应能力就越强。

- 供应期越短，供应商越能够及时、准确地响应。

- 供应期越短，物料库存被放置天数就越少，那么占用的资金就会越少，成本越低。

- 主要应用于定时不定量和定时定量两种采购方式。
- 在制订并验证 MPS 和 MRP 时发挥作用。

(7) 计划间隔时间（补货生产间隔时间）

- 也叫补货生产间隔时间，是按照客户的需求，针对生产计划的不同应用阶段而有所不同。
- MPS 是指对产供销进行整体协调和规划，一般是按照月别时间域制订的，可以优化到周别或者日别时间域，这样可以用更合理的资源投入，产出更少的循环周转库存，来满足客户的短交期、需求多变的要求。
- RCCP、MRP、CRP 都要随着 MPS 制订的时间间隔同步进行模拟验证。
- PAC 是用来指挥生产现场的作业执行的，计划间隔时间越短越好，按照日别的每班次制订和执行是更加高效的方式。
- 计划间隔时间还与生产线的切换调整能力直接相关，切换时间越短，生产线按照日别每班次作业计划进行调整的能力就越强，满足客户的多品种、小批量、短交期、需求多变的要求的能力也越强。

(8) 发货间隔时间

- 是指按照客户订单要求对产品一次或者多次进行发货的时间域，在交货提前期内分批次发货最理想。
- 发货批量越小，间隔时间越短，成品库存就越少，占用的资金就越少，资金回笼就越快。
- 发货批量越小，间隔时间越短，满足客户的多品种、小批量、短交期的要求的能力就越强。

- 发货批量的大小、间隔时间的长短和容器设计、物流配送模式等因素均有关，需要进行整体规划。

- 对 MPS 和 PAC 进行平准化排产时需要使用。

（9）生产计划冻结时间段

- 生产计划的调整对正常的采购、制造、交付等业务会产生较大的影响。那么，如何减少这些影响所造成的损失呢？必须推行产供销业务协同。在对实际业务进行改进时，需要按照不同的时间区域制定各部门的管理权责，明确业务运行的工作规则。生产计划冻结时间段是产销协同需要明确管理的第一个"时间域"。

- 生产计划冻结时间段是以产品的生产提前期为时点来设定的。正常的生产运营组织要通过制作和装配完成生产任务，耗费的时间就是生产提前期。如果销售部门在这个时间段内对计划进行调整和变更，而制作和装配工作已经开始，那么就要进行设备切换、物料调整等工作，从而产生很大的浪费和成本损失。即便如此，也不能确定能否保证准时交付，所以要对生产提前期内的生产计划进行锁定，严格控制计划的调整和变更。

- 生产计划冻结时间段内计划的调整和变更由生产制造部门决定，如果生产负荷有余力，物料也可以满足使用要求，那么只要获得生产制造部门的同意，就可以调整生产计划。

- 如果生产制造部门不同意调整计划，而销售部门一定要进行调整，那么可以上报公司总经理，由其做出决定。

（10）生产计划协议时间段

● 这个时间段以累计提前期为时点来设定，它增加了采购物料的业务时间。

● 因为车间还没有进行制作和装配的生产，所以不会产生额外插单的成本，在满足物料供应的前提下，可以让销售部门进行生产计划的调整和变更，以便掌握更多的营业机会。

● 这个时间段是确认采购状态后产销部门的协商阶段。

（11）生产计划规划时间段

● 累计提前期以后的时间为生产计划规划期，原则上是由销售部门做决定。

● 销售部门要根据客户交货提前期和累计提前期之间的关系，定期提出销售预测或者更新销售订单，拉动其他业务部门进行相关的准备工作。

● 产供销三个部门要明确业务协同的基准，达成共识，协调彼此的行动，为低成本、高效率地完成生产任务并准时交付而共同努力。

3.4　柔性生产计划制订第三招：优化生产提前期管理

在时间域管理中，生产提前期是关系生产能力的关键要素。在客户需求是波动的，而且供过于求的现状下，客户的多品种、小批量、低成本、短交期的要求对制造型企业生产能力的匹配要求很高。很多制造型企业在接到客户订单制订生产计划时，都会受到生产提前期过长或者不确定、不稳定的影响，生产计划的制订和执行会遇到很多困难和问题。那么，在制订柔性生产计划时，应该如何优化生产提前期？

　　柔性生产计划的制订和管理要求接到客户订单后依据企业的生产能力，合理地组织和安排企业的人、机、料、法、环、测等生产制造资源，均衡生产负荷排单，在保证准时交付的前提下，追求生产效率最大化和成本最优化，这是制订柔性生产计划追求的目标。"利特尔法则"给我们的启示是，我们的生产能力和生产提前期直接相关，生产提前期越短，生产能力的释放就越充分。生产提前期是由对物料的加工时间和物料排队等待被加工的时间所构成的，管理和优化生产提前期需要从这些方面去检讨和改善。从具体的生产过程分析可以看到，生产提前期的时间构成如图 3-1 所示。

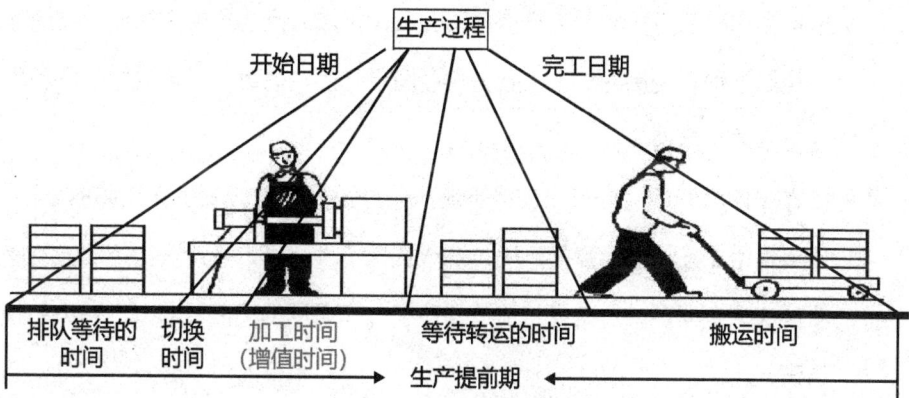

图 3-1　生产提前期的时间构成

　　从图 3-1 中可以看到，生产提前期由物料的排队等待被加工的时间、生产线的切换时间、真正增值的物料加工时间、加工后等待转运的时间、搬运时间等构成。时间越长，生产线的灵活性和柔性越差，应对客户的多品种、小批量、短交期的要求的能力就越弱，柔性生产计划的制订和管理的难度就越高。那么，如何解决这些问题呢？具体可以从以下几个时间构成方面采取措施予以改善。

（1）排队等待的时间

排队等待时间是生产提前期中占比最高的一类时间，也是一类很严重的不增值的被浪费掉的时间，它由在制品数量乘以节拍时间组成。

如果在制品数量没有标准和控制规则，数量总是波动，那么排队等待的时间就是不确定和不稳定的。因为这类时间在生产提前期中占比很大，所以如果没有对在制品数量进行管理和控制，就会造成生产提前期的波动。

要管理生产提前期，就要管控在制品数量，这就需要知道在制品产生的原因，具体如下。

- 前道工序和后道工序的生产速度不一致，工序之间会产生在制品。要消除和控制这种在制品的产生，就需要做同步化生产改善，平衡前道工序和后道工序的生产速度。

- 各道工序之间的生产班次安排不统一，产生班次差会发生在制品的堆积。因为各道工序产能配置的不同，造成各道工序之间的生产班次不同，所以要解决这个问题，还是要从前道工序和后道工序的产能匹配上进行优化和改进。

- 如果生产计划中生产任务完成的时点衔接不好，那么产生的时间差也会导致在制品堆积。这时要通过合理制订 MPS 计划，拉动各生产车间和各道工序按照最后组装线的使用时点来组织自制件的生产、优化和改进。

- 因为各道工序或者各生产车间之间的距离较远，为了提高搬运的工作效率，当在制品堆积到一定的数量时，会进行统一搬运，所以在提高搬运效率的同时产生了在制品堆积，需要从布局的优化和调整上进行改进。

- 当在各道工序之间或者各生产车间内各条生产线之间不能实现一一对应时，

生产物流一定会出现交叉点和分叉点，在这些点位，在制品是排序等待的状态。针对这种情况，要通过生产线的优化设计，向着一一对应的生产线衔接匹配的方向上进行改进。第 2 章中介绍了针对不同情况的改善方法。

● 因为害怕设备出现故障停机或者产品质量问题而影响准时交付，所以很多企业采取的措施是在生产现场准备很多在制品库存，以便某台设备出现故障或者某道工序出现质量问题造成停产时，其他设备还可以继续生产，这种在制品库存被定义为"安全库存"。其实，无论是否准备在制品，该发生的问题一定会发生，这些在制品库存只能起到心理安慰的作用，对满足客户的多品种、小批量、短交期的要求完全没有帮助，要改进这些停滞损失问题，只能从全员生产维护（Total Productive Maintenance，TPM）和全面质量管理（Total Quality Management，TQM）的角度加强设备和产品的质量管理。

排队等待的时间是一种严重的时间浪费，也是生产提前期中占比最大的时间。这个时间随着生产在制品数量的波动而波动，对柔性生产计划的制订和管理造成很大的影响。

通过分析生产现场在制品产生的原因，可以识别出在制品产生的根源。减少在制品数量并对在制品进行基准管控是固定和缩短生产提前期的主要方法。

（2）切换时间

● 切换时间是生产提前期的构成时间，是一种不增值的时间，是现阶段还无法完全避免的一种时间浪费。

● 这个停顿时间对产能和生产批量有决定性影响，以前典型的处置方法是采用经济批量的方式提前增加批量，通过减少切换次数来缓解这种时间损失所带来的影响。如果客户的需求是少品种、大批量，那么采用经济批量法基本可以应对；如果客户的需求是多品种、小批量、短交期，那么采用经济批量法就完全没用，而且会使企业处于更加艰难的境地，造成更大的损失。

- 从根本上解决切换损失时间造成的影响和损失，还是要回归到缩短切换损失时间的原点。通过快速切换，可以将时间损失降至最低，使生产提前期更短，生产能力损失更少，还可以减少生产批量，更好地满足客户的多品种、小批量、短交期的要求。

- 切换时间是生产提前期的重要组成部分，通过快速切换，生产提前期会越来越短，并且在一定的时间段内保持相对稳定。切换时间对稳定和确定生产提前期较重要，是柔性生产计划制订和管理的关键要素之一。

（3）加工时间

- 加工时间是生产提前期的核心构成，是生产过程中真正增值的时间。

- 根据客户对产品的功能、特性、质量等方面的要求，匹配生产加工的精度、效率和稳定性，是生产能力的最终体现。

- 在进行生产能力核定时，首先要对这个加工时间进行现场测时，然后合理核定标准工时，具体方法可参照第1章第4节"如何确定标准工时"中介绍的方法。

- 如果没有设备、工艺、加工方法的变化，加工时间基本是固定的，它是生产提前期管理的"定锚石"，对柔性生产计划的制订和管理至关重要。

（4）等待转运的时间

- 等待转运的时间是生产提前期的构成部分，也属于不增值的时间，是由等待向下一道工序进行搬运的现场在制品数量决定。

- 这种属性的现场在制品和工序间的物流搬运频次和批量有关，搬运频次越多，搬运间隔越短，搬运批量越少，这种在制品的现场等待时间也就越短。

- 如果生产现场的搬运没有标准和规则，不及时进行处理，在制品的等待时间就会较长，堆积数量就会增多，就会影响生产提前期的稳定性和准确性，对柔性生产计划的制订和管理造成影响。

（5）搬运时间

- 搬运时间也是生产提前期的一部分，是一种时间浪费，在一定的环境、条件下无法完全消除。

- 搬运时间和精益物流改进的搬运距离、搬运工具、搬运路线、搬运方法和物流器具等方面的规划、设计和改善等工作有关，精益物流的改善对缩短搬运时间很有帮助。

- 搬运时间要通过改善予以缩短，在没有进行改进前也是相对固定的一类时间，对生产提前期的确定性和稳定性的影响不大。

确定和稳定的生产提前期管理是柔性生产计划制订和管理的基础。通过上述分析可以看到，生产提前期是由排队等待的时间、切换时间、加工时间、等待转运的时间、搬运时间等构成，每种时间的属性和管理优化策略如下。

- 排队等待的本质是生产现场的在制品管理，排队等待是最大的时间浪费。在制品产生的原因很多、很复杂，如果没有标准和管理规则，那么生产现场就会是混乱和无序的，就会影响生产提前期的确定性和稳定性。要找到在制品发生的根本原因并对其进行改善，减少和固化在制品数量的管控，通过确定和稳定排队等待的时间来确定和稳定生产提前期。

- 切换时间本身是时间的浪费，是在一定条件下无法完全消除的一类时间。切换时间对生产能力和生产批量都会产生决定性影响，可以通过快速切换来缩短切换时间。切换时间对生产提前期的确定性和稳定性管理也很重要。

- 加工时间是生产制造过程中真正增值的时间，是制造型企业生产能力的核心。如果没有设备、工艺、加工方法的变化，那么加工时间基本是固定的，它是生产提前期确定性和稳定性管理的"定锚石"。

- 等待转运的时间也是一种时间浪费，是在一定的条件下无法完全消除的一类时间。通过精益物流的改善制定标准和规则，减少和固化这部分现场的在制品数量，是缩短等待转运的时间的有效方法。等待转运的时间在没有改进的一定的时间段内基本是可以确定的，它对生产提前期的确定性和稳定性管理也很重要。

- 搬运时间也是一种时间浪费，是在一定的条件下无法完全消除的一类时间，是可以通过精益物流的改善缩短的一类时间，也是生产提前期的确定性和稳定性管理的重要组成部分。

3.5 柔性生产计划制订第四招："定拍点"和"控制点"的管理应用

在制订柔性生产计划时还需要识别出企业的"定拍点"和"控制点"，并制定出相应的运行和管理策略。定拍点是得到客户需求信息后触发制造型企业制造资源的起点位置，也是根据客户需求的要货速度确定制造型企业的生产制造速度的位置。根据不同企业的制造特点，一般选择在最靠近客户的生产制造流程的末端，通常是制造型企业生产制造流程末端的装配生产线，也可以是生产制造流程的最后一道工序。对定拍点进行柔性生产计划管理的作用体现在以下几个方面。

（1）信息触发点的作用。当客户订单信息传递到企业时，要通过产销能力平衡验算，制订 MPS，当传达到定拍点时，总装车间的装配线生产才开始启动。总装车间的装配线启动时点过早或者过晚，都会对准时交付和库存造成不同的影响，控制定拍点的计划可以保证总装车间装配线的有效产出和准时交付。

（2）生产速度的控制点。定拍点接收到的客户订单信息决定了交货速度，它会把客户要求的支付的速度转换为生产制造的速度来联动整个生产系统中各道工序、各生产车间生产制造的速度，起到生产制造系统生产速度控制点的作用。这种控制解决了生产制造系统中各道工序和各生产车间的运行速度不一致的问题，也降低了它们之间配合过快或者过慢对准时交付和库存的影响，使生产制造的整体效率最佳。

（3）拉动式生产计划的起点。定拍点既是客户信息传递到达的起点，也是拉动生产制造体系各生产车间和各道工序同步化协同的起点，这个起点可以将客户的需求通过定拍点传递到生产制造体系中各道工序和各生产车间，将整个生产制造体系的资源更加有机、高效地联动起来，实现准时交付的目标，同时将整个资源的高效率和低成本有机地结合起来，故针对前道工序和各生产车间的拉动式生产计划制订的起点也是从定拍点开始的。

（4）同步化生产的约束点。定拍点的"定拍"是指确定生产节拍，即由统一的生产节拍来拉动生产流程中各道工序和各生产车间同时同速地制造产品，而且要确保前道工序和车间生产的产品是总装车间装配线需要使用的，避免生产过程中前后脱节，对装配线需要使用的物料的准时齐套性产生不必要的影响，所以定拍点也是对前道工序和车间生产计划的制订和生产组织状态进行约束和控制的位置。

"控制点"是通过对生产制造全流程进行分析和判定，找到影响生产交付的"瓶颈点"并施以严格管控的位置，这个位置也简称为"C点"。在柔性生产计划中，一般从以下几个方面来识别和管控瓶颈。

（1）从产能的角度进行判断、识别和确定"控制点"。

- 在生产系统的整个流程中，哪道工序、哪条生产线或者哪个生产车间的生产能力最低，它就是整个生产系统中产能的瓶颈。产能瓶颈决定了整个生产制造系统的有效产出，反映了生产制造系统的产能，会对能否准时交付产生决定性的影响。

- 当瓶颈产能不能满足定拍点的要求时，就必须协调资源，通过调整、改进和增加产能，确保瓶颈产能达到定拍点的要求。

- 瓶颈点位的生产能力就是整个生产系统的能力的确定点。当制订柔性生产计划，进行生产能力和订单负荷的计划日程排定时，就要以瓶颈点的生产能力为基准来进行生产排程。

- 因为瓶颈的损失就是整个系统有效产出的损失，会影响客户的准时交付，所以生产管理部门要从节拍别、小时别、班次别、日别等不同的管理时间跨度上对"C点"进行严加管控，以确保柔性生产计划的有效执行，保证准时交付。

（2）从生产制造系统的稳定性和可靠性上判定"控制点"。

- 当生产制造过程中某道工序或者某条生产线在产品质量、设备运转等方面的稳定性和可靠性较差时，生产线有可能随时发生停线等问题，从而对生产计划的有效执行和准时交付产生较大的影响，这类点位就会被定义为"C 点"，意味着在生产计划的制订和生产过程的管控中需要重点关注和加强管理。

- 针对"C 点"可能发生的各种异常所造成的损失和影响，可以通过在"C 点"后设置缓冲来进行安全保护。当"C 点"出现异常造成停线时，可以通过"C 点"后面的在制品保持生产工序正常运行，不发生因停顿造成产能损失而最终影响准时交付的情况。

- "C 点"后缓冲设置的一种方式是放置安全库存。针对规格较少、物料标准化程度较高的产品，可以通过设定一定时间段内的安全在制品库存来进行缓冲保护。注意，这部分在制品是要产生库存成本的，本质上也是一种浪费。在发挥安全库存缓冲保护作用的同时，要做好先进先出管理和保质期管理。

- "C 点"后设置缓冲的另外一种方式是安排时间缓冲。针对多品种、小批量、短交期、物料标准化程度不高的产品，采用设置半成品安全库存来进行缓冲保护就不现实了，因为一方面不知道应该设置哪种产品的安全库存，另一方面也无法设定合适的数量。针对这种情况，可以在制订柔性生产计划时设定时间缓冲，从而对后续的生产工序予以保护。如果瓶颈工序在最终工序的装配线，那么在制订针对装配线的 MPS 时，可以参照异常发生的平均损失时间，将交付的时点予以一定程度的前移；如果瓶颈工序在前面各道工序或者各生产车间，那么在根据 MPS 按照各生产车间和各道工序的生产提前期反推出各生产车间的生产作业计划日程时，也可以按照异常发生的损失平均时间予以一定程度的前移调整。在"C 点"后采用时间缓冲的方式制订柔性生产计划，可以以较低的成本解决由各种异常所造成的停线产能损失问题，以保证生产计划的准时完成，确保客户订单的准时交付。

- 采用"安全库存"也好，应用"时间缓冲"也罢，本质上都会产生库存的浪费或者提前生产的浪费，都是对产能进行保护的权宜之策。要想从根本上解决问题，还需要针对各种异常发生的根本原因从 TPM、TQM 和现场班组管理能力提升等方面进行有针对性的改善，从而实现生产制造过程的稳定性和可靠性，实现对产能的真正保护，确保有效地执行生产计划和准时交付。

综上所述，在所有制造型企业中，最靠近客户的最后一道工序或者生产线是柔性生产计划制订的定拍点，企业要加强对生产过程中一个或数个"C点"的控制，这是制订柔性生产计划时的一个关键点。

3.6　柔性生产计划制订第五招：制订完成品库存计划

企业在定拍点应用 MPS 来为生产交付和制造过程进行资源安排。MPS 的制订要根据客户的交付要求和企业的生产能力进行订单负荷和生产能力之间的平衡测算。如果是 A 类客户，那么客户要求的交货提前期比企业的累计提前期要长，企业在得到客户的订货信息后有较充分的采购、生产组织和反应的时间，制订 MPS 和安排生产资源相对容易。如果是 B 类、C 类、D 类客户，那么因为累计提前期比交货提前期长，所以在生产计划和采购计划的制订上需要依靠预测来进行，这时就会被供应链上的"牛鞭效应"所影响。

　　"牛鞭效应"是对需求信息在供应链传递过程中发生的扭曲现象的形象描述。本质上来说，供应链上有零售商、分销商、制造商和供应商等多个环节，企业在每个节点进行生产或者供应决策时，都会根据自己的理解和判断对需求信息进行再次加工，从而造成需求信息的严重失真。这种失真通过零售商、分销商、制造商和供应商逐级而上，需求信息会被严重地扭曲和放大，当信息到达供应链源头的供应商时，其所获得的需求信息和实际消费市场中客户的需求信息会发生更大的偏差。受这种需求放大效应的影响，供应链上的各个环节往往维持了比需求方更高的生产能力或者库存水平，这对供应链上各级企业的高效经营和运营效率造成了很大的影响。图 3-2 所示是供应链的牛鞭效应示意图。

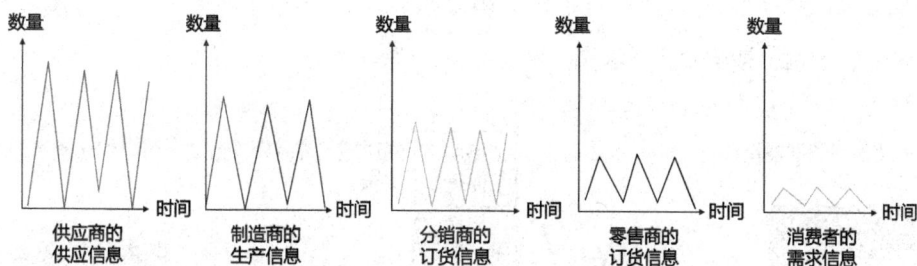

图 3-2　供应链的牛鞭效应示意图

　　造成"牛鞭效应"的因素主要有两个。一是起始触发因素，这是整个供应链波动的源头，是终端市场的波动和客户多样化需求叠加造成的影响，这个因素属于独立需求的范畴，企业很难把握它的规律和变动趋势。随着信息化技术的发展和普及，企业开始借助大数据对触发因素进行研究和优化。

二是过程要素的影响，主要是供应链上各个环节在生产或者决策过程中由失败的预测、限制性的订货和促销行为、订货和制造的经济批量等因素所产生的影响。"牛鞭效应"会造成错误的预测、过多的设备投资、富余的人员、高企的库存、低效的运输、不佳的服务感受，以及过高的成本和各种损失。

因为"牛鞭效应"造成客户需求波动，所以企业需要按照峰值投入更多的资源，从而造成更高的成本和更大的损失。针对"牛鞭效应"造成的影响和带来的损失，企业可以采取在定拍点后设置完成品库存的方式，为企业的产能建立缓冲和保护。这就像在崎岖的山间峡谷行船一样，河道的水流很急，对行船的安全性和方便性造成很大影响；如果在河道的合适位置建立大坝，拦住水流，那么随着水位的上升就可以将一部分崎岖的河道转变为较平缓、宽敞的河道，在上面行船时就会比较安全、方便了。如果在定拍点后建立完成品库存，就可以使"牛鞭效应"对产能造成的冲击予以缓冲和保护，这是在制订柔性生产计划时采用的第五招。用完成品库存平抑"牛鞭效应"产生的影响，请参见图3-3。

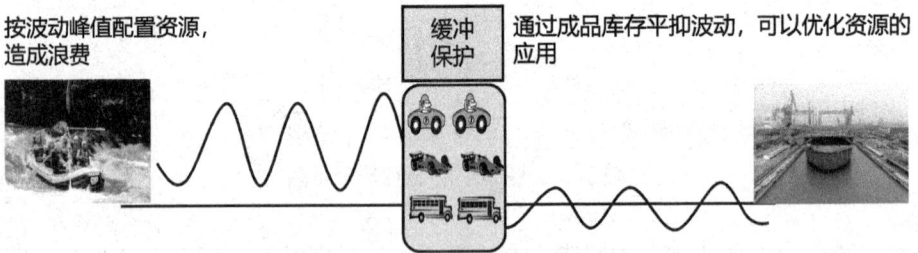

按波动峰值配置资源，造成浪费

缓冲保护

通过成品库存平抑波动，可以优化资源的应用

图3-3　用完成品库存平抑牛鞭效应产生的影响

通过在确定定拍点后建立完成品库存，可以平抑供应链中"牛鞭效应"的影响，虽然使用这种方法可以取得一定的成效，但是需要以产生库存为代

价。从精益管理的角度来讲，库存也是浪费之源，会造成不必要的损失，产生成本。所以，企业有必要采取措施在设定完成品库存基准时实现最小的库存。从设定完成品库存的目的和需求角度分析，完成品库存主要由以下几个方面的库存构成。

（1）循环周转库存

循环周转库存的计算公式如下：

$$循环周转库存 = 客户平均需求数量 \times 补货生产间隔时间$$

这是和企业的生产系统能力有关的库存，企业补货生产间隔时间的长短决定了循环周转的库存量，这是一种必然会产生的库存。如果补货生产间隔时间是 1 个月，就要准备 30 天的库存；而如果补货生产间隔时间只要 1 天，那么只需要占用 1 天的库存就可以满足要求了。企业的补货生产间隔时间决定了这部分库存的储备水准。如果企业的生产线的灵活性和换产能力都非常强，即生产制造能力的柔性非常好，那么完成品库存中循环周转库存的设置水平就可以很低。

（2）波动缓冲库存

这部分库存是指为了应对客户需求的不确定性（比如出现大量的突发性订单、订单突然被取消、需要调整订单内容、交货期突然改变等）而设置的波动缓冲库存。波动缓冲库存量的大小主要由客户服务水平或订货满足率来决定。所谓客户服务水平，是指对客户需求的满足程度，计算公式如下：

$$客户服务水平 = （\Sigma\ 年度缺货次数 \times 数量）\div （\Sigma\ 年度订货次数 \times 数量）\times 100\%$$

客户服务水平高，说明缺货发生的情况较少，缺货成本较低，波动缓冲库存量较高，库存持有成本较高；客户服务水平低，则说明缺货发生的情况较多，缺货成本较高，波动缓冲库存量较低，库存持有成本较低。因此，在设置波动缓冲库存基准时，需要综合考虑客户服务水平、缺货成本和库存持有成本三者之间的关系，最后确定一个合理的波动缓冲库存基准。

波动缓冲库存量的计算一般借助于数据统计方面的知识和方法，将客户需求的变化因素和企业补货生产间隔时间的变化作为基本的假设进行测算。应用统计的标准方差的计算方式，可以从客户需求变化、补货生产间隔时间变化及两者同时发生变化的不同情况分别求出各自的安全库存量。因为客户需求会发生变化，所以为了降低客户需求变化的复杂性，在柔性生产计划中，将企业补货生产间隔时间基本固定，只在客户需求发生波动的情况下进行测算。

统计学中的标准差可以用于计算补货生产间隔时间内需求激增超过一定数量的概率，2个西格玛的标准差代表95%不会缺货的概率，这是可以接受的。可以从数据正态分布的状态来看客户服务水平和波动缓冲库存之间的关系，如图3-4所示。

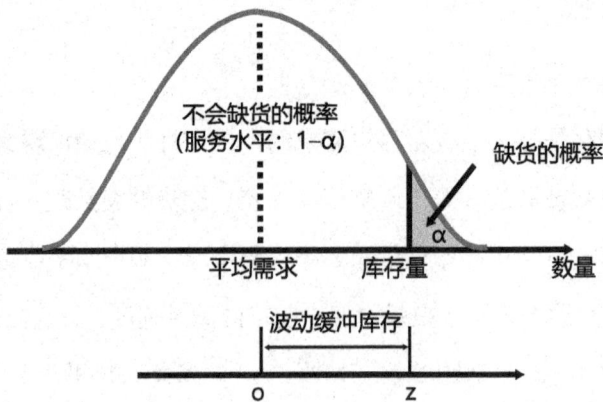

图3-4　数据正态分布状态下客户服务水平和波动缓冲库存之间的关系

从图3-4中可以看出，在正态分布的状态下，因为企业补货生产间隔时间是可以固定的数值，所以可以直接计算出企业补货生产间隔时间内客户需求分布的均值和标准差。企业也可以通过对理想目标状态的追求，以过去企业补货生产间隔时间内的需求情况为依据，从管理提升的角度出发确定理想目标状态的均值和标准差。当企业补货生产间隔时间内需求状况的均值和标准差被确定时，可以利用下面的公式计算出波动缓冲库存。

波动缓冲库存 $=F \times L \times STD$

注：F 为一定客户服务水平状态下需求的波动系数；L 为企业补货生产间隔时间的长短；STD 为企业补货生产间隔时间内客户需求的标准方差，相对应的系数如表 3-1 所示。

表 3-1　客户服务水平与波动系数 F 对应表

客户服务水平（%）	波动系数 F	客户服务水平（%）	波动系数 F
100.00	3.09	96.00	1.75
99.99	3.08	95.00	1.65
99.87	3.00	90.00	1.80
99.20	2.40	85.00	1.04
99.00	2.33	84.00	1.00
98.00	2.05	80.00	0.84
97.70	2.00	75.00	0.68
97.00	1.88	—	—

企业可以通过对客户服务水平、缺货成本和库存持有成本三者之间的综合考量，选择和制定出合理的波动缓冲库存基准，从而为制订企业柔性生产计划起到缓冲作用。

（3）安全库存

安全库存是用于弥补因设备故障而造成停机、因产品质量问题而造成报废或因生产现场发生的各种异常而造成产能损失的库存。这个库存数量通过一段时间内企业管理的生产效率损失指标来进行推算，计算公式如下：

安全库存 = 效率损失比率 ×（循环周转库存 + 波动缓冲库存）

这部分库存是企业管理能力和运营能力的体现，是生产运营管理上由缺陷造成的损失，需要企业采取措施不断地改进，降低这部分库存。

综上所述，完成品库存由循环周转库存、波动缓冲库存和安全库存构成，其中循环周转库存随着企业的补货生产间隔时间的缩短而减少；波动缓冲库存随着客户服务水平和企业补货生产间隔时间的优化而减少；而对于安全库存，要抓企业内部管理，提升 TQM、TPM 和现场的精益班组管理能力，降低生产效率损失比率，实现安全库存的优化和减少。如果通过以上改善工作优化了生产运营管理能力，就可以实现用比较少的完成品库存建立起对供应链中的"牛鞭效应"所产生的影响和损失的缓冲保护墙了。

3.7 柔性生产计划制订第六招：MPS 的平准化改进

为了应对外部客户因"牛鞭效应"而造成的需求波动损失，企业设立了由循环周转库存、波动缓冲库存和安全库存构成的完成品库存。在制造流程的末端建立起初步的缓冲保护后，继续优化和改进完成品库存的大小，确定补货生产间隔时间的工作因此被提上了议事日程。解决这个问题需要采用柔性生产计划制订的第六招，即从 MPS 的平准化转变上进行改进。

1.什么是生产的平准化

将一定时间段内的客户需求按照企业生产计划的排序规则进行数量和品

种的均衡化后，组织资源进行生产交付的生产制造方式就是生产的"平准化"，平准化生产和批量生产的形态对比见图 3-5 所示。

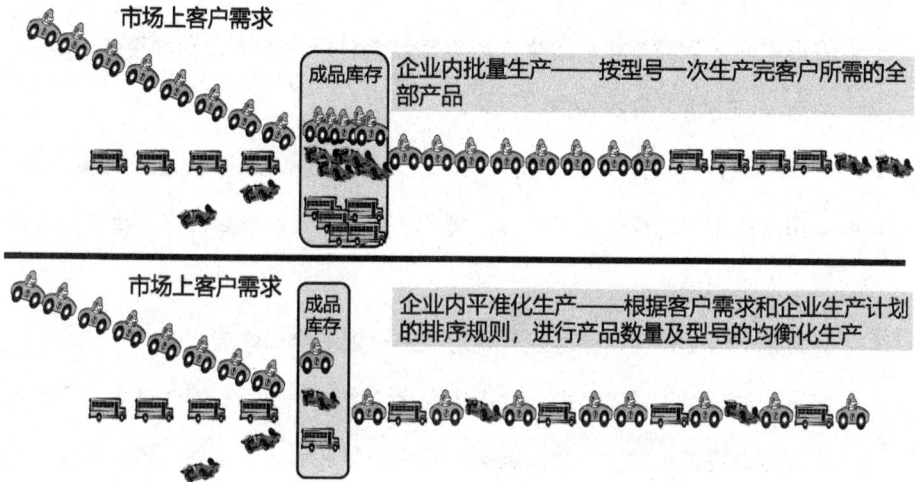

图 3-5　平准化生产和批量生产的形态对比

（1）进行生产平准化的主要目的如下：

● 最大限度地满足客户的多品种、小批量、短交期的要求；

● 对企业的生产作业资源投入进行优化，提高投资效率；

● 对企业的生产作业资源的整体协同应用进行优化，提高生产效率。

（2）MPS 的平准化等级

企业距离市场和客户最近的位置就是"定拍点"的装配线，指挥企业末端装配线资源按照客户需求进行生产活动的是 MPS。MPS 的平准化改进决定了企业平准化生产的水平。MPS 平准化一般分为以下几个等级。

MPS 月别平准化等级如下。

- 按照月别滚动收集客户需求或者市场需求预测信息。

- 为了实现规模化制造的批量效应，将月别的客户需求按照品种、规格和数量进行凑批处理。

- 将月别需求信息与企业的生产能力相结合进行生产品种和数量的平准化，从而制订出每个月的 MPS。

- 按照月别 MPS 的要求分解制订月别的采购计划和自制件的生产作业计划。

- 采用批量作业的模式生产产品，换产次数少，生产批量大，是传统的大批量生产组织模式。

- 在月别的时间范畴内才可以实现对客户需求的全部响应。

- 制造周期长，现场库存多，会占用大量的资金、空间和管理精力。因为生产和客户需求不同步，所以服务于客户的多品种、小批量、短交期要求的能力有限。

MPS 月别平准化的运行模式如图 3-6 所示。

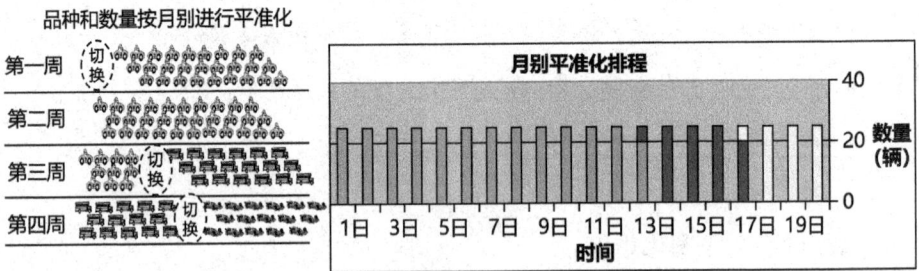

图 3-6　MPS 月别平准化的运行模式

MPS 周别平准化等级如下。

- 按照月别滚动收集客户需求信息或市场预测信息。

- 将客户需求信息或者市场预测信息按照品种、规格和数量均分到每周进行平准化处理。

- 按照周别的需求信息和企业的生产能力均衡每日的生产数量和每周的生产品种，据此制订周别的 MPS。

- 按照周别 MPS 的要求分别制订周别采购计划和自制件的生产作业计划。

- 生产批量减少，换产次数增加，对企业生产线制造能力的灵活性和换产时间的缩短均提出了较高的要求。

- 在兼顾每周局部规模化生产效应的基础上，每周都可以对客户需求做出响应。

- 制造周期较长，现场库存依然较多，会占用一定的资金、空间和管理精力。因为对生产需求和客户需求进行了周别的同步组织，所以服务于客户的多品种、小批量、短交期要求的能力有所提高。

- 比月别 MPS 的平准化水平提升了一个等级。

MPS 周别平准化的运行模式如图 3-7 所示。

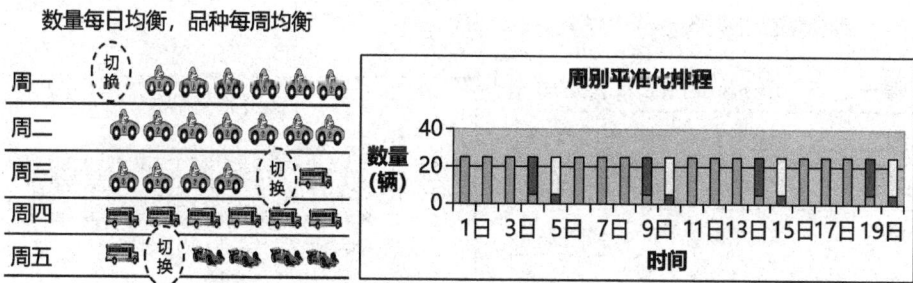

图 3-7　MPS 周别平准化的运行模式

MPS 日别平准化等级如下。

- 按照月别滚动收集客户需求信息或者市场预测信息。

- 将客户需求信息或者市场预测信息按照品种、规格和数量均分到每日进行平准化处理。

- 按照月别的需求信息和企业的生产能力均衡每日的生产数量和品种，据此制订周别平准化的 MPS。

- 按照周别 MPS 的要求分解制订每日采购交货计划和自制件的生产作业计划。

- 生产批量继续减少，换产次数继续增加，对企业生产线制造能力的灵活性，特别是快速换产能力提出了更高的要求。

- 在兼顾规模化生产效应的基础上，每日都可以对客户需求做出响应。

- 制造周期快速缩短，现场库存减少，会占用一定的资金、空间和管理精力。因为每日对生产需求和客户需求进行了同步组织，所以服务于客户的多品种、小批量、短交期的要求的能力有了大幅提高。

- 比周别的 MPS 的平准化水平又有了很大的进步。

MPS 日别平准化的运行模式如图 3-8 所示。

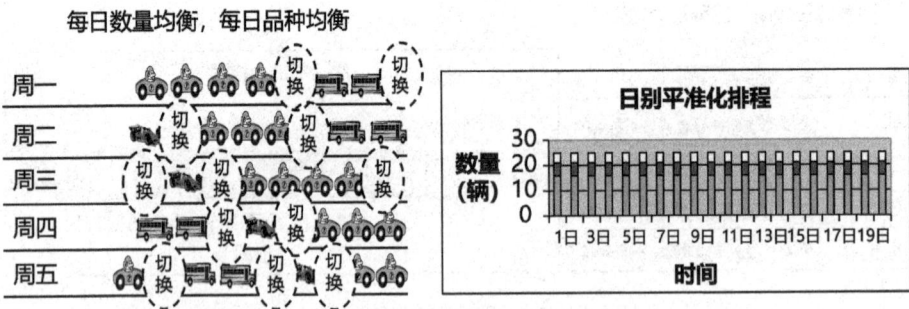

图 3-8　MPS 日别平准化的运行模式

MPS 时段别平准化等级如下。

- 按照月别滚动收集客户需求信息或者市场预测信息。

- 将客户需求信息或者市场预测信息的品种、规格和数量按照一定的排程规则均衡排产到每日各个时段别（或者节拍别）的主生产作业中。

- 按照日别 MPS 的要求分解制订每日采购交货计划和自制件的生产作业计划。

- 生产批量急剧缩小，如果能将企业生产线改造为按照节拍生产的单件流生产线，那么生产批量是最理想的。

- 每日按照平准化生产要求多次进行换产，每次换产时间要控制在 10 分钟以内，理想状态下要实现无停顿损失的换产作业。

- 对生产现场的物流配送提出了更高的要求，能够按照装配线的平准化作业顺序将生产使用的相应的物料配送到生产线上。

- 对生产现场作业者的标准化操作提出了更高的要求，要通过标准作业改建实现作业者的最少化和混线生产的不同产品作业负荷的平准化。

- 生产批量最小化，每个时段（或者每个节拍）都可以对客户需求做出响应。

- 制造周期很短，现场库存极少，占用的资金、空间和管理精力都有了很大的优化。因为生产需求和客户需求可以实现时段别的同步组织，所以可以更好地服务于客户的多品种、小批量、短交期的需求。

- 时段别平准化是 MPS 平准化水平的极佳状态。

MPS 时段别平准化的运行模式如图 3-9 所示。

每日数量均衡，时段别品种均衡 时段别平准化排程

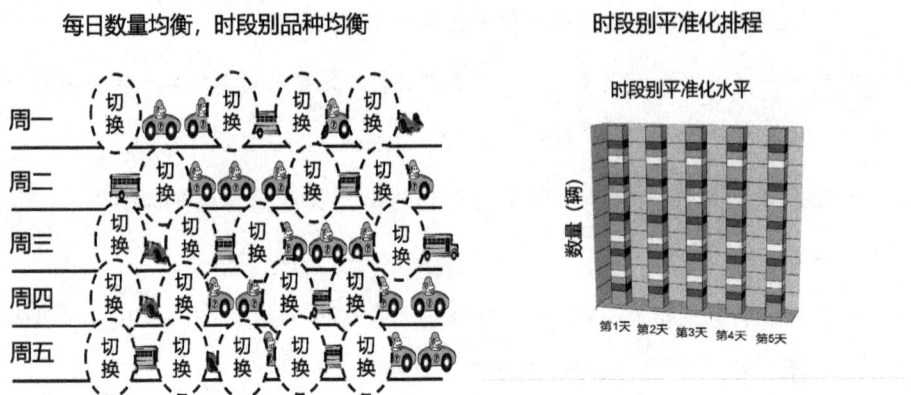

图 3-9　MPS 时段别平准化的运行模式

2. MPS 平准化应用的前提条件

不同的 MPS 平准化等级对生产制造能力的要求是不同的。MPS 平准化的应用需要从以下几个方面做好相应的准备工作。

- 持续优化生产线的制造模式，按照节拍生产的单件流模式是最佳状态。
- 从物流优化（上料、加工、下料和搬运）的角度做好生产设备的选型和应用。
- 构建混线生产情况下快速切换的能力，理想目标是在 10 分钟以内完成。
- 生产线操作者灵活的标准化作业管理和推行。
- 生产使用物料的准时齐套性供应能力建设。
- 生产现场精益班组管理能力的提升（安全、质量、交期、成本、设备、环境和人员管理等）。

如果不具备一定程度的柔性生产制造能力，机械地推行 MPS 平准化的应用，就会对企业的准时交付和高效率、低成本的运行造成不必要的冲击和

挑战。只有持续地对人、机、料、法、环、测等生产制造资源进行优化和改进，缩短生产提前期，才能够更好地适应不同等级的 MPS 平准化的应用要求。

3. MPS 平准化的意义

（1）MPS 平准化可以更好地满足客户的多品种、小批量、短交期的要求

在月别、周别、日别和时段别不同平准化等级的 MPS 运行模式中，企业可以在不同时间域上对客户的需求做出响应，特别是对日别和时段别的生产响应可以满足现在客户对于多品种、小批量、短交期的需求，这是推行 MPS 平准化最有意义的一件事。

（2）MPS 平准化可以更好地均衡装配线的作业负荷

当将 MPS 中不同的平准化等级应用在定拍点装配线时，对装配生产线的标准作业安排和工作负荷的合理、均衡化非常有帮助。为了提高投资效率，很多企业在进行装配线的设计和投资时倾向于多品种混线生产，这样就造成了操作者要熟练掌握多个产品的装配作业，对员工的作业技能要求会较高。同时，当多个产品在装配线上同时进行混线生产时，如果不同产品的作业量差别较大，那么作业者的工作量会忽多忽少，特别是在批量作业时，如果工作量差异较大，就会对准时作业造成较大的影响。图 3-10 所示为批量作业和平准化操作对不同工作量产品混线生产作业的影响示意图。

如图 3-10 所示，当采用批量作业方式时，不同产品的作业循环时间差异较大，作业者的工作负荷忽高忽低，并且容易疲劳，影响工作效率，同时还会对生产线的作业速度造成影响，进而影响生产线的准时交付。当采用平准化的作业方式制订平准化的作业顺序计划时，作业者可以将作业循环时间短

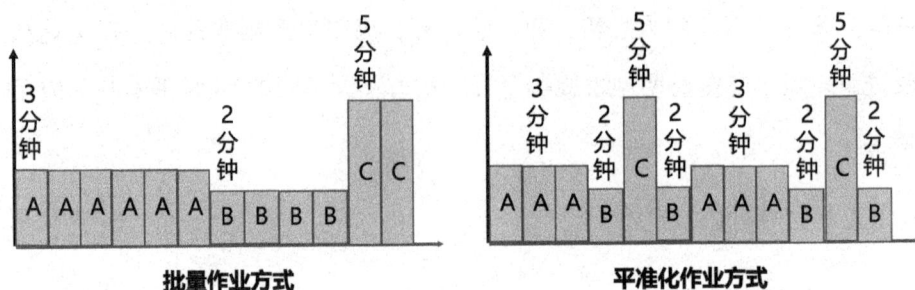

图 3-10　批量作业和平准化操作对不同工作量产品混线生产作业的影响示意图

的产品和作业循环时间长的产品进行搭配，基本实现作业负荷的均衡性，保证生产线的准时交付和生产效率。从这个意义上来讲，MPS 平准化可以更好地均衡装配线的作业负荷。

（3）MPS 平准化可以拉动前道工序的均衡生产

当 MPS 下达到定拍点的装配线，启动装配线的制造资源开始生产时，会拉动前道工序开始生产。如果装配线是批量作业的方式，那么当装配线批量使用 A 物料时，在前道工序生产中供应 A 物料的生产线就会被启动，其他生产线因没有需求拉动信息而呈现出静止状态；当装配线将 A 类物料生产使用完，开始生产其他产品时，A 物料生产线会停下来，其他生产线会开始生产。批量作业的拉动效果是不同的生产线会随着装配线的生产情况而时开时停，作业者或者频繁地转移生产线，适应不同的作业岗位，在不同的生产线上进行作业，或者会造成人员配置过多，造成闲置等待，这些都会影响生产的整体效率。

如果在装配线上应用日别平准化的 MPS，就可以根据装配线的日别作业顺序计划，将不同生产线的工作需求量按照节拍重新制定标准作业方案，将作业者重新设计和安排到不同的生产线和岗位，同时遵循标准化操作内容进行生产。通过对标准作业的改进，所有生产线均可按照节拍均衡化的生产线和装配线进行生产协同。MPS 平准化的意义体现在可以拉动前道工序的均衡生产，保证准时交付，提高生产效率。MPS 平准化拉动前道工序均衡生产示意图如图 3-11 所示。

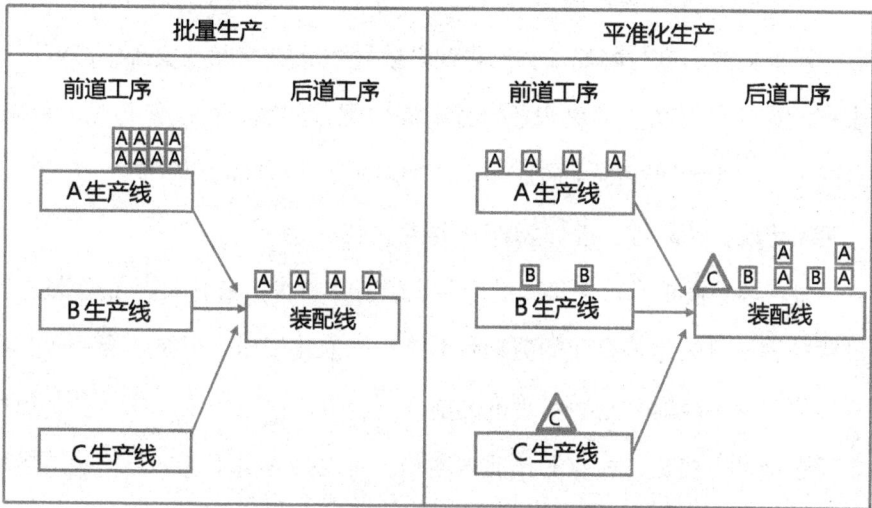

图 3-11　MPS 平准化拉动前道工序均衡生产示意图

4. MPS 平准化优化的阶段

MPS 平准化既可以更好地满足客户的多品种、小批量、短交期的要求，又可以使企业的内部资源更加高效地运转。那么，企业应该从哪几个方面来推进 MPS 平准化优化？

第一阶段，从数量上进行 MPS 平准化优化。

客户需求和市场预测是波动的，只是波动的幅度有所不同。即使通过完成品库存进行了一定的缓冲平抑，也很难实现需求的平稳化。客户需求和市场预测的波峰波谷代表企业要进行不同的资源投入，如果按照波峰建设资源，就会在客户需求的波谷阶段产生资源的闲置损失；如果按照波谷建设资源，那么投资效率较高，但是在客户需求高峰期会因生产能力不足而丢失订单，产生缺货损失。企业如何投资建设资源，才能够将投资效率和缺货损失辩证地统一起来，是一件伤脑筋的事情。

MPS 平准化先将客户的需求数量按照企业的产能情况进行平准化改进，对客户需求的波动进行削峰填谷，再制订数量平准的 MPS，安排生产资源进行生产。这样可以初步解决企业资源的高效配置问题，可以使每月、每周、每日的生产作业计划安排得更加平稳，资源的使用更加高效。

第二阶段，从品种上进行 MPS 平准化优化。

通过将客户需求和市场预测进行初步的削峰填谷，来对 MPS 的数量进行平准化的主要目的是将企业的劳动负荷进行平准化安排。但是，当企业产品的标准化程度不足时，在数量平准的前提下，生产使用的物料的品种、规格和单耗还会发生变化，相应的作业内容和工时也会有所不同。当这些差异和变化叠加到生产线上时，会造成作业应用的不均衡，影响准时交付。

对产品品种和规格进行 MPS 平准化相对复杂，需要对每个产品的物料构成通过 BOM 管理予以厘清，对每个产品的标准工时通过工艺路线加强管理，对不同产品之间的切换状态和时间进行改进，然后将其汇总成每条生产线在进行混线生产时的产能数据，还要制定清晰、明确的平准化排程规则，如此才可以排出合理、高效、可被执行、平准化的 MPS，最终实现产能和负荷的整体均衡化，保证可以在短时间内对客户的多品种、小批量、短交期的需求予以响应，同时也可以更加高效地使用企业内部的生产制造资源。图 3-12 所示是平准化 MPS 的优化路径。

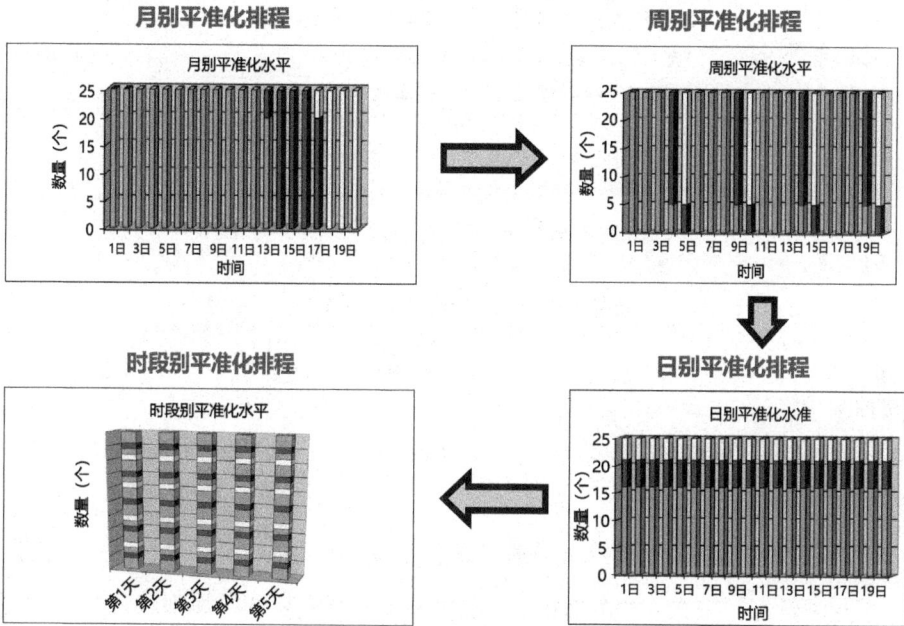

图 3-12　平准化 MPS 的优化路径

5. 平准化 MPS 的制订方法

（1）当装配线混线生产的各种产品需求量一样时

在这种情况下，确定生产线投产顺序较容易，进行 MPS 平准化排程也较简单。按照工作日历中的有效工作日设置，参照每日混线生产品种的产能要求，进行简单的数量平均化的计算和排程即可。但是，不同时间域的平准化排程等级代表企业生产运营管理能力的不同，时间域越短，说明对企业生产线的灵活性和可靠性及混线生产的换产能力的要求就越高。图 3-13 所示为当不同时间域等级下客户需求数量一样时，MPS 平准化排程示意图。

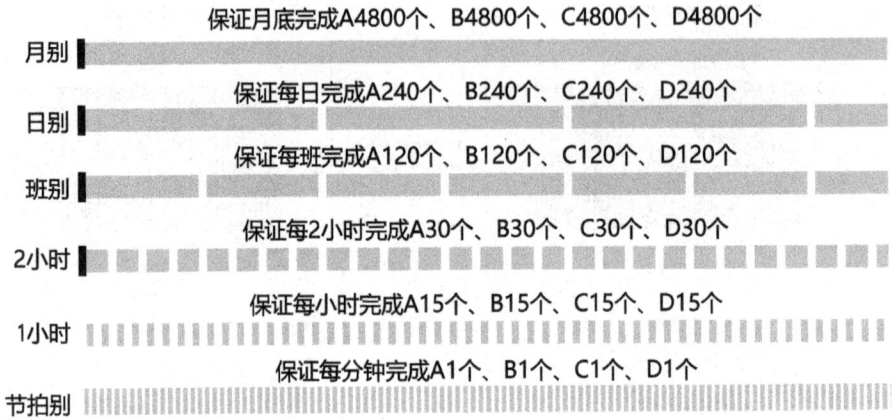

图 3-13　当不同时间域等级下客户需求量一样时，MPS 平准化排程示意图

（2）当装配线混线生产的各种产品需求量不一样时

这种情况较复杂，进行 MPS 平准化排程需要较复杂的规则和计算，主要有两种计算方法。

第一种计算方法是逻辑运算法，基本的计算原理如下。

假设混流装配线上需要生产 A 产品 60 台、B 产品 40 台，那么根据 A 产品和 B 产品的产量比（3∶2），混流生产线上的生产比总量为 5（个）。也就是说，为了实现混流装配线的 MPS 平准化排程，要按照 5 个产品一组来设计生产线上的作业顺序。混流生产线编制逻辑顺序如表 3-2 所示。

在表 3-2 中，"A 产品"和"B 产品"两栏每行各有 4 个数：第 1 个数为原比值乘以该产品的作业顺序数；第 2 个数为已被选取的次数；第 3 个数为混流生产线总产量乘以已被选取的次数；第 4 个数为第 1 个数与第 3 个数之差。最后，依据每行第 4 个数的大小来决定生产对象。

表 3-2　混流生产线编制逻辑顺序

作业顺序	产品 A	产品 B	排定顺序
1	3　0　0　3*	2　0　0　2	A1*
2	6　1　5　1	4　0　0　4*	B2*
3	9　1　5　4*	6　1　5　1	A3*
4	12　2　10　2	8　1　5　3*	B4*
5	15　2　10　5*	10　2　10　0	A5*

注："*"代表选择此产品。

　　针对第一个投产对象，选择比值大的产品 A，将其写在"排定顺序"栏中，我们用"A1*"表示。当选择第二个投产对象时，将各生产比值乘以 2，则生产比为（3×2）∶（2×2），即 3∶2。因为第一个投产对象是产品 A，所以在第二次选择时，产品 A 被选择的可能性减少，减少的方法是从新比值中减去其被选择的次数乘以总产量，从而确定新的比值为（6–1×5）∶4，即 1∶4，这时第二排数据中产品 B 的比值更大，因此第二个投产对象是产品 B，我们用"B2*"表示。在选择第三个投产对象时，将各比值均乘以 3，则生产比为（3×3）∶（2×3），即 9∶6，因为第二个投产对象为 B2*，所以应将产品 A 与产品 B 的比值更新为（9–1×5）∶（6–1×5），即 4∶1，这时产品 A 的比值更大，因此第三个投产对象是产品 A，我们用"A3*"表示。依次类推，我们可以确定第四个投产对象和第五个投产对象。混流生产线的投产顺序为：

A →B →A →B →A →　A →B →A →B →A

第一作业循环顺序　　　　　　第二作业循环顺序

第二种计算方法是生产比倒数法，基本计算原理如下。

假设某装配线可以混线生产 A、B、C 三种产品，需求量分别为 300 台、

200 台、100 台，用生产比倒数法计算装配线的投产顺序的步骤如下。

首先，计算生产比，生产比为 300∶200∶100，即 3∶2∶1，则装配线的生产比之和为 6，A、B、C 三种产品的生产比倒数分别为 1/3、1/2 和 1。生产比倒数法编排投产顺序的计算过程如表 3-3 所示。

表 3-3　生产比倒数法编排投产顺序的计算过程

序号	产品品种			投产顺序
	A	B	C	
1	1/3*	1/2	1	A
2	2/3	1/2*	1	A→B
3	2/3*	1	1	A→B→A
4	1	1*	1	A→B→A→B
5	1*	—	1	A→B→A→B→A
6	—	—	1*	A→B→A→B→A→C

注："*"代表选择此产品。

在表 3-3 中进行投产顺序的排定要按照下述规则进行，选出装配线的第一个投产品种。

- 规则一：从全部品种中选出生产比倒数值最小的品种。

- 规则二：当最小值的品种有多个时，选出品种的识别记号出现较晚的一个。

具体的操作方法是，用最小生产比倒数加上标有"*"的值中被选出的品种的生产比倒数。本例中，1/3+1/3=2/3，将其填入产品 A 的第二栏内，而在其他品种栏内，将上一行栏内所记的照抄过来。

继续选定第二个投产品种，规则如下。

- 规则一：选出第二栏各品种值中最小的品种。

- 规则二：当最小值的品种有多个时，选出品种的识别记号出现较晚的一个，即第二次出现的品种。其余依此类推，直至选出装配线上全部产品的投产顺序。

计算出的编排投产顺序为：A → B → A → B → A → C。

以上两种计算方法都较简单，真正的装配线生产比这些例子要复杂得多。丰田汽车的装配线制订的 MPS 的混线生产顺序排程是非常典型的例子。丰田汽车已经将每条装配线按照不同的产品平台进行了产品族区隔，有的装配线是生产花冠车型的，有的装配线是专门生产凯美瑞的，虽然已经进行了产品族的区分，简化了装配线上的产品组合，但汽车是一个非常复杂的产品，有几万个不同的物料组合在一起。丰田在制订装配线的 MPS 混流作业顺序计划时重点关注两方面的平衡：一是均衡装配生产线内各道工序的操作负荷（总装配时间），二是使生产线上零部件的使用速度保持一定的均衡。

丰田制定"车种投入顺序计划计算方法"的基本逻辑围绕两个方面进行。

- 比例控制：根据发动机、变速器、座椅和颜色等应该事先均衡化的项目的平均出现率排出顺序。
- 连续间隔控制：为了防止特定车辆连续出现并且使其按一定的间隔出现的控制方法。

其中，"比例控制"是制定"车种投入顺序计划计算方法"的基本逻辑中心，"连续间隔控制"是制约条件的控制。

丰田汽车的装配线每天大约要对 400 ～ 500 台车制订生产作业顺序计划，大约有 100 多个品种。它是真正的多品种、小批量的混线生产装配线，装配线上的物料有 20 多个制约因素，包括车身样式、发动机规格、变速箱品种、底盘、颜色等。制订装配线的生产作业顺序计划是一个计算工作量很大且复杂的过程，丰田也是借助类似高级计划与排程（Advanced Planning and Scheduling，APS）的混流装配线的顺序计划立案信息系统进行计算和制订装配线的生产作业顺序计划的。

在制订出装配线的生产作业顺序计划后，要用其指导装配线的现场生产工作。在装配线现场应用的平准化生产作业计划目视化应用的道具叫平准化排产箱（见图 3-14），企业可以借鉴图中的样式进行设置和应用。

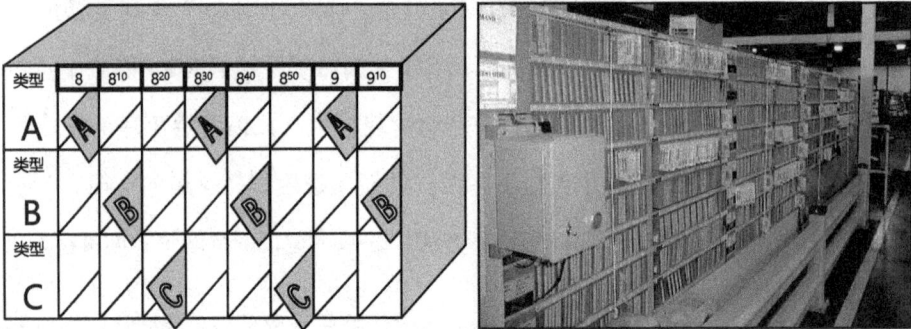

图 3-14　平准化排产箱

3.8　柔性生产计划制订第七招：制订拉动式的作业计划

定拍点装配线的 MPS 按照平准化的方式被优化后，就要拉动前道各个生产工序的生产和物料的采购业务进行生产运营协同，这个协同的呈现方式就是柔性生产计划制订第七招——制订拉动式的作业计划。

在制订前道各个生产工序的作业计划时，需要参照各道工序的生产提前期进行推算。在实际排产时有两种编排方式。

第一种编排方式是在接到 MPS 的信息后，同时执行各道工序的作业计划。开工的时点是一样的，因为各道工序的生产提前期不同，所以各道工序生产出来的物料能否配成套由生产提前期最长的工序决定。在生产提前期较短的工序中生产出来的物料需要被安排在储存的位置进行保管，会占用生产流动资金和场地，会增加相应的管理负荷和难度；如果客户需求发生变化，那么无法对已经生产出来的物料进行调整，也容易造成库存的呆滞和报废。

第二种编排方式是在接到 MPS 的信息后，借助各道工序的生产提前期，制定完成时点的倒排日程。各道工序开工的时点是不一样的，对于生产提前期长的工序，要早些动工；对于生产提前期短的工序，可以晚些开工，这样可以保证各道工序完工的时点基本相同。在保证装配线使用物料的准时齐套性下，生产现场的在制品数量非常少，对资金和场地的占用也不大，生产运营管控的重心在计划的优化和执行的有效性上。而且，因为物料的开工时间不一样，当客户需求发生变化时，还有一定的调整空间，作业计划的灵活性和柔性可以得到保证。

两种不同的作业计划的拉动式制订模式如图 3-15 所示。

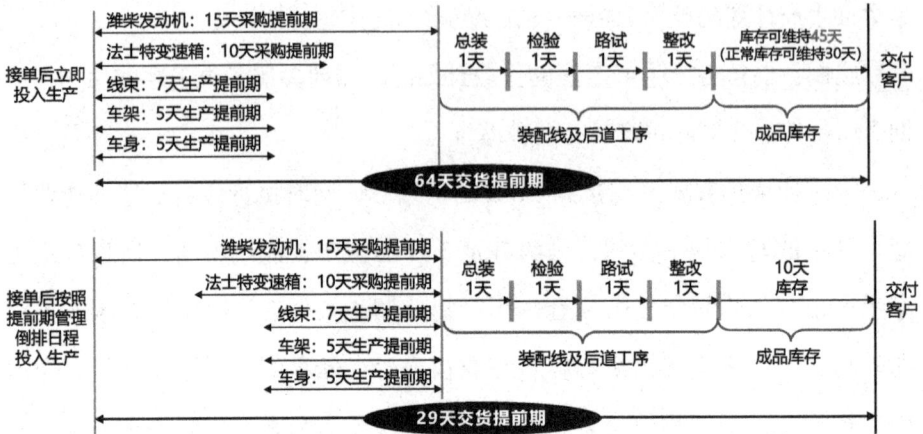

图 3-15　两种不同作业计划的拉动式制订模式

3.9　柔性生产计划制订第八招：作业计划的同步化管控

当依靠 MPS 拉动前道工序开始生产时，如何控制各道工序按照作业计划的要求进行作业，控制各道工序能够同步生产出装配线需要的物料，更快、更好地实现各种物料的准时齐套性，就需要应用柔性生产计划制订第八招—— 作业计划的同步化管控。

要想做好作业计划的同步化管控，就必须对企业生产制造流程有深入的了解和全面的分析。企业典型的生产制造流程如图 3-16 所示。

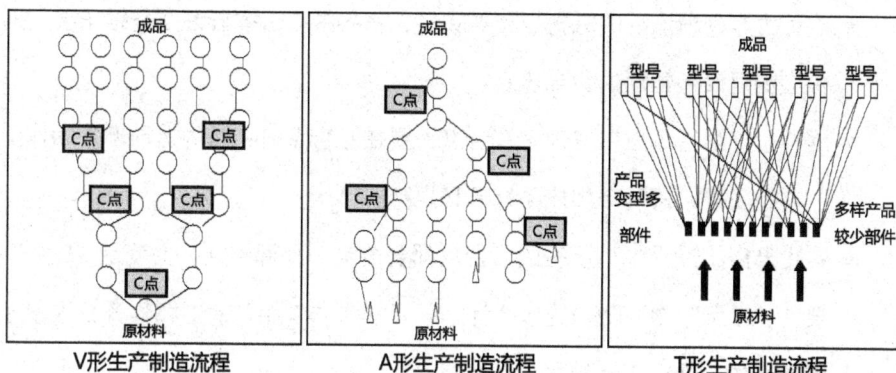

图 3-16 企业典型的生产制造流程

如图 3-16 所示，第一种生产制造流程的特点是采用很少种类的原材料，按照客户订单和市场需求，最终生产出很多不同规格的完成品。通常，炼油厂、钢铁厂会采用这种生产制造流程，它被简称为 V 型生产制造流程。

- 这种生产制造流程的原材料种类较少，在采购、储存和放置的管理上相对简单。

- 因为工艺的特点，这种生产制造流程中有很多分叉点，如果在分叉的位置生产管控没有到位，物料跑错了工艺路径，就会生产出不同的产品，不能保证符合客户订单和市场需求。

- 在生产组织过程中，所有的分叉点都要被定义为管控点，也就是"C 点"。要在"C 点"制订明确的作业计划，管理"C 点"的物料投放顺序，防止出现投料错误。

第二种生产制造流程的特点是采用多种类的原材料，按照客户订单和市场需求，最终组装出一个产品。通常，消费电子、机械组装行业会采用这种生产制造流程，它被简称为 A 型生产制造流程。

- 这种生产制造流程的原材料种类较多，物料的准时齐套性准备很重要，对供应链建设和管理的要求较高。

- 这种生产制造流程中有很多汇合点，要在汇合点对物料的提前准备和作业的均衡安排方面制定相应的标准和规则。

- 在生产组织过程中，所有的汇合点都要被定义为管控点，也就是"C 点"。要在"C 点"制订明确的作业计划，要加强"C 点"前的物料齐套性投放准备工作，确保准时交付。

第三种生产制造流程的特点是用多种原材料生产出种类较少的部件，然后通过不同的配置组合生产出很多类型的产品。通常，汽车、制锁行业会采用这种生产制造流程，它被简称为 T 型生产制造流程。

- 这种生产制造流程复杂，产品也较复杂，使用的原材料种类很多，物料的准时齐套性准备更加重要，对供应链建设和管理的要求更高。

- 这种生产制造流程中有很多分叉点和汇合点，在分叉点和汇合点都会产生在制品，在对物料的提前准备和作业的均衡安排方面需要制定相应的标准和规则。

- 在生产组织过程中，所有的分叉点和汇合点都要被定义为管控点，也就是"C 点"。在"C 点"要加强生产现场的作业管控，加强"C 点"前后物料齐套性投放准备工作，确保准时交付。

通过对企业几种典型的生产制造流程的分析，可以帮助企业制订平准化的 MPS，并使作业计划能够落地执行，产生实效。

3.10　加工型企业柔性生产计划管理特点

制造型企业因为制造工艺不同，各个企业的生产特点和管理侧重也会有所不同。那么，加工型企业应该如何制订柔性生产计划？管理的重点有哪些？

1. 加工型企业的生产特点

加工型企业的生产特点是在工艺上做"减法"，即通过对原材料的一件毛坯进行车、削、钻、磨等来加工生产制造出一个产品。以前这个加工过程是用车床、铣床、钻床、磨床等专用设备通过工装、夹具等辅助资源的协助，一步一步地加工生产出来的。随着数字化加工设备的不断升级，一些数控设备已经可以将上述很多加工步骤集中在一台加工设备上完成了。所以，加工型企业管理的重点就是对生产制造的加工能力的管理。加工型企业的生产特点如图 3-17 所示。

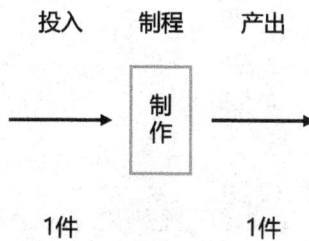

图 3-17　加工型企业的生产特点

2. 加工型企业的生产计划管理的核心

因为加工型企业的生产特点就是靠各种加工设备做减法，所以这种类型的生产企业制订的生产计划就是 CRP。关于 CRP 制订的流程和方法，可以回顾 1.10 节中的介绍。不管针对生产制造过程中的生产线，还是针对各个加工机台，管理的重点都是设备的加工能力和由客户订单或市场需求所带来的生产负荷之间的关系。

因为加工型企业的生产过程是一个工艺较复杂的冷热加工的过程，使用的都是专业化的生产设备，所以设备的稳定性和可靠性至关重要。当生产过程中发生加工精度偏差影响产品质量、由设备故障而造成停机损失时，这些损失就会直接转化为产能损失，最终对加工能力和生产负荷之间的关系造成影响，故在制订 CRP 时一定要对加工能力的损失做出缓冲保护。图 3-18 所示为 CRP 中的加工能力和生产负荷管理示意图，企业在制订 CRP 时可以借鉴应用。

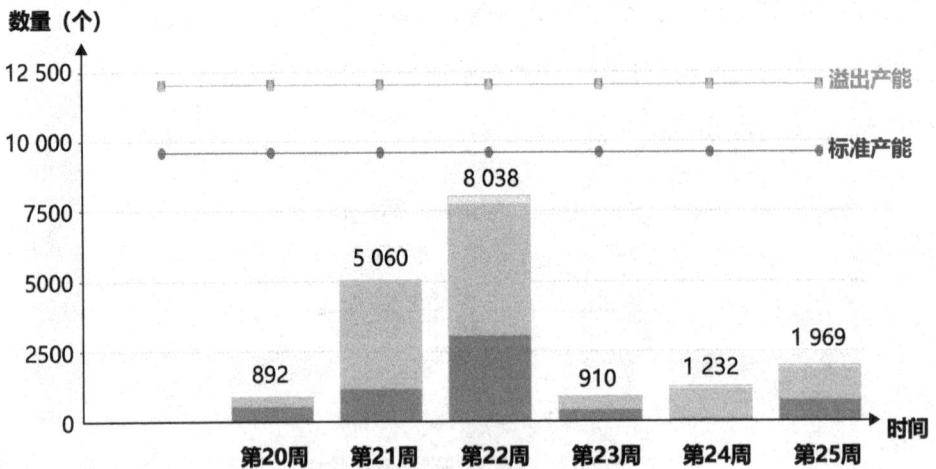

图 3-18　CRP 中的加工能力和生产负荷管理示意图

3.加工型企业生产能力管理的核心

加工型企业的生产能力是核心，对生产能力的管理主要体现在对标准工时的管理。在 1.4.5 小节"如何确定标准工时"中介绍了针对机械加工工时的测算方法和标准工时确定的原则和基准，这些内容对企业准确、合理地核定和管理生产能力非常重要。

另外，加工型企业的制造模式对生产能力的充分释放有决定性的影响。以前加工型企业的制造模式基本上是典型的集群式制造，现场的在制品数量很多。通过"利特尔法则"的分析和判断，现场的在制品越多，生产提前期就越长，生产能力就越释放得不充分，对企业的制造和交付能力就会产生较大的影响。在 2.2 节"柔性生产线设计要点"中重点介绍了如何改变生产制造模式，提升和释放生产能力的方法。通过改进企业的生产制造模式，企业的生产能力可以得到很大的释放和提升，交付能力也能得到快速提升。图 3-19 所示为调整生产制造模式后所形成的柔性生产线标准化作业组合管理基准示例，可以为企业实现对生产能力的运营管控提供参考。

4. 加工型企业对生产切换能力的要求

加工型企业的生产制造主要靠设备，而且设备都是较专业化的，所以设备投资一般都较大。很多企业为了节省投资，都会考虑将不同的产品进行混线生产。不同的产品在设备上进行加工制造时一般都需要专用的工装、夹具和模具等来进行装夹、定位等辅助作业。在混线生产中进行产品切换时会遇到更换工装、夹具和模具耗时较长的问题，花费的时间少则几十分钟，多则数小时。设备停机损失将直接影响到设备的生产能力，严重时会对客户的交付造成影响。

为了减少换产时间长对产能和生产效率的影响，在过去的管理方式中采用规模化生产的经济批量法，通过拼凑订单、提前生产、加大生产批量、减

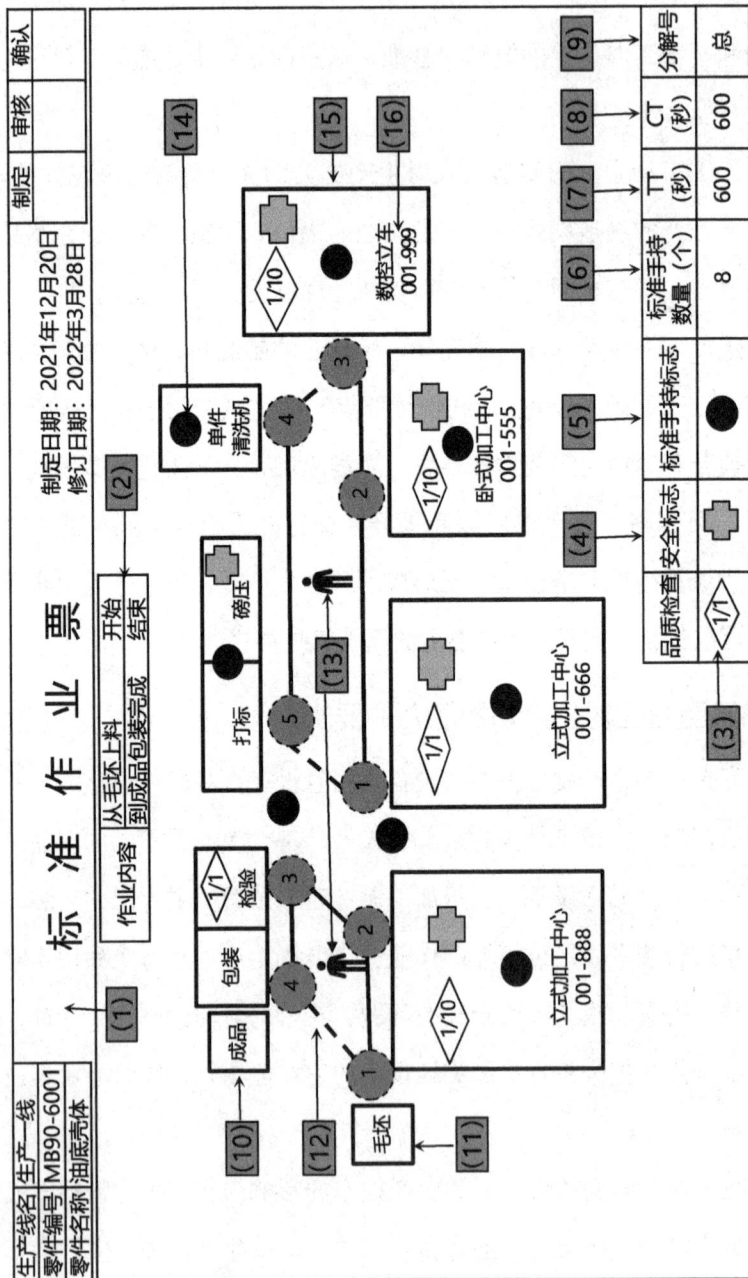

图 3-19 调整生产制造模式后所形成的柔性生产线标准化作业组合管理基准示例

少换产次数来解决这个问题。这和现在客户的多品种、小批量、短交期的需求发生了严重的冲突，使生产计划的制订非常困难，生产现场的实际运营也很困难。基于以上困难和挑战，在 2.5 节"快速换产能力建设要点"中介绍了如何通过快速换产来解决每次换产损失时间长的问题，从而减少换产时间、增加换产次数、减少生产批量、缩短生产提前期。所以，制造型企业一定要具备快速换产的能力，比较理想的状态是在 10 分钟以内完成换产。

制造型企业在执行柔性生产计划时，可以考虑将每班有效工作时间的 10% 用于换产，如果每次换产时间控制在 10 分钟以内，那么每班可以进行 4～5 次的产品切换。对加工型企业来说，每班可以按照客户订单或者市场需求进行 4～5 种产品的生产和交付，这样生产计划的灵活性和柔性就可以得到保障。如果将换产时间减半，那么生产批量就可以减半，每班可以对 9～10 种产品的需求做出响应，企业制造的灵活性和柔性可以得到进一步提升，柔性生产计划可以更好地服务于客户的多品种、小批量、短交期的需求。

综上所述，加工型企业要把握好设备加工的行业特点，通过 CRP 的制订和管理，做好企业的加工能力和生产负荷管理；同时，通过生产制造模式的优化和调整，充分释放和应用设备产能，提高企业的快速换产能力，构筑加工型企业的制造柔性，最终建立起加工型企业的柔性生产计划和制造能力，更好地服务客户。

3.11 装配型企业柔性生产计划管理特点

制造型企业的另一种典型制造形态就是装配型企业，这种类型的制造型企业在运营和管理上与加工型企业有很多不同之处，我们主要从以下几个方面进行分析和总结。

1. 装配型企业的生产特点

装配型企业的生产特点是做加法，即通过将多种物料按照一定的工艺顺序组装在一起制造出一个完成品的生产制造过程。因为只有将多种物料组装在一起才能生产出完成品，所以物料的供应管理就非常重要了。这些物料一部分是在自己的企业中加工的，一部分是从市场上或者供应商那里采购回来的。如何将各种物料准时地配成套，保证装配生产时不会缺料，不会影响生产的正常进行，就是装配型企业管理的重心了。图 3-20 所示为装配型企业的生产特点示意图。

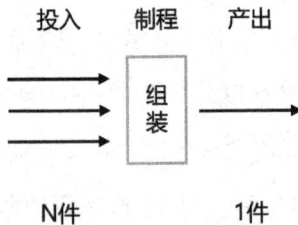

图 3-20　装配型企业的生产特点示意图

2. 装配型企业的生产计划管理的核心

装配型企业管理的重心在物料采购和供应上，主要是对 MRP 的管理，其核心是将客户订单和市场需求转化为 MPS，并判断在物料准备上是否可行的一个模拟验证的过程，同时对 MPS 中物料需求的缺口向相关的供应商提出采购邀约。

MRP 是一个对物料需求进行模拟验证的过程，不能满足交付要求的物料通过 MRP 的运算可以输出缺料清单，帮助计划管理人员对物料的供应情况有更加直观的感受，从而为后续的计划调整和优化提供必要的信息支持。图 3-21 所示为经过 MRP 运算后识别出的缺料信息示例。

长周期采购件成套性分析

组件物料	物料描述	库存数量(个)	DG24C.00 登高平	CDZ53C.00(配CDZ53
			不成套(个)	不成套(个)
800100203	GX390 H1 SH 汽油机 进口	101	100	99
800700113	WD1811B 防水帽或RC-FS-006	1413	1404	1398
801500776	CEJ20-ZP+ZP-A24-H1 控制手柄 进口(德国H	37	35	
801900029	ZB6.LGS 标记条 1-30	17		16
801900035	ZB6.LGS 标记条(1-45)	16		15
801900041	ZB8.LGS 标记条	48		45
801900231	ZB6.LGS 标记条 (1-10)	129		128
801900232	ZB6.LGS 标记条 (空白)	192		180
801900252	ZB8.LGS 标记条 (空白)	236	235	225
801901244	φ704.000.5 指示器 进口	858		854
801901249	ZB6.LGS 标记条 (1-20) 进口	74	72	
801901258	φ704.000.2 指示器 进口	216		215
801901261	ZB6.LGS 标记条 (1-80) 进口	76		75
801901278	ZB6.空白 ZACK标记条 进口	33		32
801901286	ZB6.LGS ZACK标记条 1-100 进口	18		17
802100153	3331/6X4 德国奔驰底盘 进口	2		1

图 3-21　经过 MRP 运算后识别出的缺料信息示例

3. 装配型企业的生产能力管理的核心

装配型企业的生产能力一方面体现在装配线的人员配置和生产效率管理上，另一方面体现在物料的准时齐套性管理上。装配型企业的生产能力管理主要围绕两个方面进行。

（1）关于作业者的柔性配置和生产效率管理的方法，请参见 2.3 节"灵活的作业岗位和人员设计要点"中的介绍。作业者通过使用山积图来改善平衡率，使其达到 85% 以上，实现装配线上作业者的定岗定编、工作负荷均衡化、工作效率最大化，从而对作业者的生产能力进行有效管控。

（2）物料的准时齐套性管理的核心工作是把 BOM 管理好。图 3-22 展示了不同的物料构成和工艺方式在 BOM 结构上的不同，采用两种物料三层BOM 结构比采用一种物料两种 BOM 结构要复杂得多；同时，BOM 结构对各种物料的单耗配置和相应的采购提前期和生产提前期的构成都会产生不同的影响，在进行 MRP 测算时会产生不同的结果。

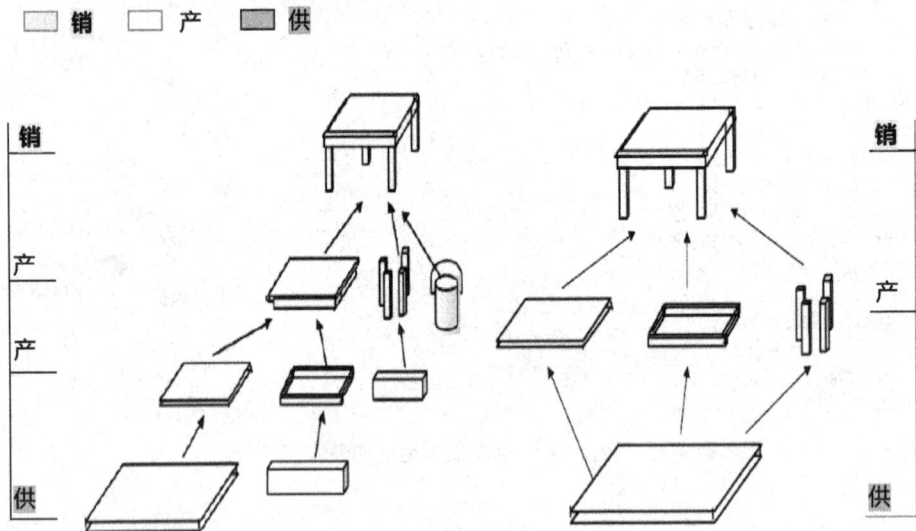

图 3-22 不同的 BOM 结构对比

MRP 的制订和验证均需通过 BOM 来进行，装配型企业对 BOM 的管理必不可少。一方面，针对 BOM 的准确性，要制定明确的规则并加强管控，要有流程和机制定期对 BOM 中的一物多码和多物一码的情况进行检查和验证，发现错误后要及时修正；另一方面，要从设计、工艺和产品的标准化管理的角度出发加强对 BOM 的管控，控制物料种类的无序增加对采购、仓储和供应链业务管理的影响，做好物料供应的能力管控。

4. 装配型企业对供应链管理能力的要求

装配型企业的产品越复杂，需要使用的物料就越多。例如，一辆汽车由上万种不同的物料构成，涉及的供应商很多，相应的供应商队伍建设和管理就非常重要，2.6 节"供应商队伍建设和管理要点"中对此提出了解决之策。

在加强供应链队伍建设和管理上，装配型企业需要健全和完善供应商开发工程师（Supplier Development Engineer，SDE）和供应商质量工程师（Supplier Quality Engineer，SQE）队伍建设。通过 SDE 和 SQE 队伍建设和能力提升，推动装配型企业在供应商的选择、供应商的管理和供应商的能力提升等供应链管理的前端发力，在整个供应链协同方面稳定和提高物料供应的能力。产品构成复杂，物料供应复杂，供应商队伍建设困难，供应商队伍管理困难，这些都是装配型企业在日常生产运营管理中一定会遇到的挑战。行业和产品制造末端的装配线是供应链上所有资源最终汇聚的地方，也是问题齐聚爆发的地方。只有从供应链前端开始有组织、有目标地进行改善，一项一项地解决问题，才不会将问题积聚到最后爆发，影响准时交付供应链上的整体效益。

基于整体供应链协同改进和共赢机制，供应链上的企业只有能够系统地推行柔性生产计划体系管理，才能从供应链整体效益最大化的角度有效地执行计划，最终实现整个供应链的资源协同和卓越运营。图 3-23 所示为装配型企业进行供应链管理协同示意图，企业可以借鉴应用。

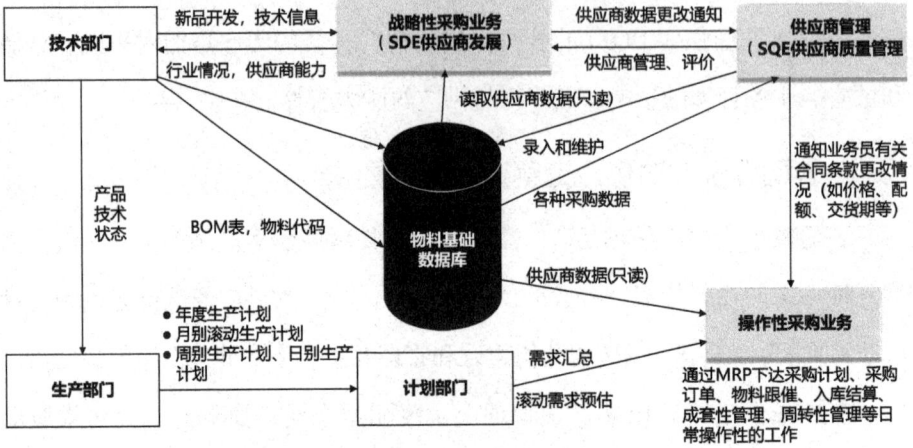

图 3-23　装配型企业进行供应链管理协同示意图

第 4 章

柔性生产计划管理机制

　　学习和了解了柔性生产计划制订的原理和方法，并不意味着这种计划管理模式可以运转起来，还需要在企业中建立相应的业务流程和管理机制，如此才能将柔性生产计划管理真正落地运行。本章将对柔性生产计划管理需要建立哪些流程和管理机制进行梳理和说明。

4.1　S&OP 管理流程

　　顾名思义，S&OP 是针对销售和生产运营所做的计划。从本质上来说，S&OP 并不是指某个计划的管理，而是制造型企业加强计划管理的一套核心流程及相关的业务管理机制。企业通过 S&OP 管理流程将企业战略规划层面的经营规划、产品规划、销售规划转化为企业的资源规划；在战术层面将企业年度的销售目标转化为月别 MDS，再将其细化到月别的 SP，通过 MPS、RCCP、MRP 和 CRP 等进行层层模拟验证，从而形成执行层面的采购计划和日别的作业计划排程；同时建立执行结果和管理业绩的反馈和评价机制，定期分阶段地进行回顾和总结，以便暴露问题和解决问题，帮助企业提升运营管理能力。企业各部门只有理解和遵循 S&OP 管理的相关流程，执行相关的计划业务管理机制，柔性生产计划管理才可以高效运转起来。

4.1.1　S&OP 管理层次

　　S&OP 管理流程从执行角度被划分为以下几个层面。

1.战略规划层面

企业会定期组织财务、市场、销售、技术、开发、供应链、生产、品质、设备和人力资源等部门，对未来 3～5 年的经营战略进行专项研讨，对企业经营体制的转变、财务表现的提升、产品和商品的经营方向、市场和销售策略、技法和生产的发展方向、人力资源的开发储备，以及管理提升的目标等方面进行系统的分析、归纳和总结，最终明确企业未来 3～5 年的中长期经营战略发展规划。企业的经营战略发展规划一方面明确了各部门的工作目标和发展方向，另一方面也引领企业的各种资源向战略方向倾斜和投入，为实现企业的经营和管理目标而服务。

根据 S&OP 管理流程和 3～5 年的经营战略发展规划，企业每半年要组织各部门针对经营现状，特别是销售业绩和收入情况进行回顾和总结，以便确认工作进展和目标达成情况。各部门要发扬优势，汲取教训，为后续各项工作的正常进行发挥作用。图 4-1 所示为某企业未来 5 年经营战略规划示意图。

		第一年	第二年	第三年	第四年	第五年
市场环境	市场环境	环境基准要求的强化（废气排放的规定）		车辆轻量化、安全、无污染基准的强化		
	客户需求	喜好的多样化		节能汽车的广泛应用		
		提升对环境基准的认知				
经营活动	商品开发和技术开发	车辆的多样化 → 轻量化 → 油电混合化 → 纯电动汽车（EV）				
	事业开发	混合动力汽车电子控制单元　EV车用制动　驱动商品生产化				
		使用高强力钢板和碳纤维车体商品				
	人才育成	电子技术者	电动汽车产品开发者			
		特殊材料技术者	新产品管理者			
目标值	营业额（亿元）	35	50	65	80	100
	利润（亿元）	1.7	4	6.5	9.2	15
	品质评级	AC	AB	AA	AA	AAA
	投资额（亿元）	1	5	5	1.5	1

图 4-1　某企业未来 5 年经营战略规划示意图

2.战术展开层面

企业未来 3 ～ 5 年的经营战略发展规划是一个提纲挈领以目标为导向的规划，在实际业务执行层面上还需要继续展开和细化，展开方式主要从以下几个方面进行。

(1) 销售目标的细化和展开

为了实现企业未来 3 ～ 5 年的经营战略发展规划，要对每一年的销售产品、销售业绩和销售收入进行年度目标的展开，输出的就是表 1-6 所示的企业年度销售计划中的内容。从表 1-6 中可以看出，年度销售计划已经被分解到 4 个季度、12 个月的销售计划中。这个分解过程由市场部门和销售部门根据市场、销售的规律和特点，将目标进行不同程度的划分和配置，并将其作为市场部门和销售部门全年工作的指导性文件，在 S&OP 管理流程中发挥作用。

按照企业本年度经营战略发展规划的要求，参考前面各月份实际完成的销售业绩，再结合新的市场和客户的需求预测，业务部门和销售部门要分解和制订出未来 3 ～ 6 个月的 MPS。MPS 的呈现方式如表 1-7 所示，通过对已经完成的业绩和年度经营计划进行对比分析，来判断未来的完成进展情况；同时，对未来 3 ～ 6 个月的销售预测情况进行滚动更新，以便更加及时、准确地把握销售进展情况，判断销售目标完成的状态，为实现企业的经营目标而努力。MDS 由市场部门和销售部门负责每个月进行更新和管理，它在 S&OP 管理流程中发挥着引领生产制造的关键性作用，也是企业在每个月的经营例会中必须报告的内容。

当确定 MDS 后，市场部门和销售部门需要加强每个月的实际工作管理和业务运行，需要在销售部门推行 ATP 管理，平衡不同部门、不同客户、不同销售人员的销售需求和库存与产能之间的关系，确保签下订单，履行承诺。通过 ATP 平衡来输出月别销售计划，将不同客户的订单需求均衡分布到 20 多个工作日上，体现出客户要求的交期时点，具体的表单样式如表 1-8 所示。销售计划已经对生产交付提出了清晰而明确的要求，这是在 S&OP 管理流程中进行产销协同时需要市场部门和销售部门输出的必不可少的文件之一。

（2）对能力和负荷逐级进行模拟验证

当销售目标被层层分解，细化到月别销售计划时，后续就需要和生产制造资源进行匹配，验证能否保质保量地准时交付，确保销售人员对客户兑现承诺。具体操作步骤如下。

- 第一步，对 MPS 进行验证，即对销售计划进行"定拍点"生产制造和物料供应情况的生产排程假设，需要按照平准化的要求将订单负荷在装配线上进行生产能力的均衡排程，以便验证在装配线上的交付能力。

- 第二步，当完成 MPS 排程后，需要进行 RCCP 的模拟验证。如果对所有生产制造资源进行模拟验证，那么计算量会很大，耗时很长，所以需要针对瓶颈资源和长采购周期的物料进行初步的模拟验证，检查并确认相关瓶颈资源的准备情况

- 第三步，当 RCCP 能够满足要求时，需要继续对 MRP 进行模拟验证。根据独立需求和相依需求之间的关系，对自制件和外购件的应用状态展开计算，以便确认生产所需的所有物料是否准备到位。如果有问题，那么是自制件的能力不够，还是供应商不能准时交付？通过对 MRP 的模拟验证，可以给出相应的结论。

- 第四步，如果可以解决 MRP 中的物料供应问题，就要继续对 CRP 进行模拟验证。针对 MRP 模拟分解出的自制件生产计划中各生产时点所需的生产线、生产班组和设备资源，继续进行生产能力和订单负荷之间关系的精确计算，以便对生产线、生产班组和设备资源是否有能力完成后续的生产任务做出判断。

3. 战术执行层面

当模拟验证完成时，意味着 MPS 排程从生产能力和物料供应等方面基本可以满足准时交付的要求，这时开始进入 S&OP 管理流程的战术执行阶段。具体操作步骤如下。

- 第一步，完成 PAC 排程。该计划已经被分解到了各生产车间和每条生产线，也已经明确到了从生产开始到完成的各个时点。PAC 是自制件的生产执行计划，通过同步化生产实现协同运营管控。
- 第二步，制订和执行各供应商的采购计划，将供应商的生产协同工作通过采购计划和采购订单协同起来。
- 第三步，定期召开日别 T 级会议、周别和月别产供销协同管理会议，完成 PDCA 管理循环，最终实现 S&OP 管理流程的闭环管理。

综上所述，S&OP 管理层次如图 4-2 所示。

层次	计划期间	管理期间
战略规划层面 经营规划	3~5年	年
战术展开层面 销售目标的展开	年、季度、月	月
能力和负荷的展开	4周	4周
车间级作业计划	月	日
战术执行层面 采购计划	月	日
定期召开管理会议	月、周、日	月、周、日

图 4-2　S&OP 管理层次

4.1.2　S&OP 管理的典型流程

依托 S&OP 管理层次，还需要将相关的典型管理流程进行展开和细化，指导与 S&OP 业务相关联的各部门工作的正常进行。

企业经营战略的核心流程如图 4-3 所示。

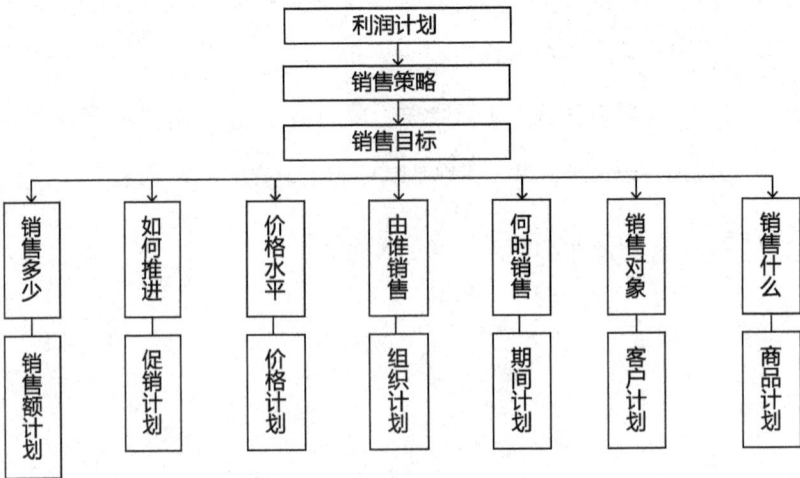

图 4-3　企业经营战略的核心流程

销售目标展开执行的核心流程如图 4-4 所示。

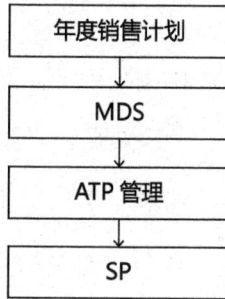

```
┌─────────────────┐
│   年度销售计划    │
└────────┬────────┘
         │
┌────────┴────────┐
│       MDS       │
└────────┬────────┘
         │
┌────────┴────────┐
│     ATP 管理     │
└────────┬────────┘
         │
┌────────┴────────┐
│       SP        │
└─────────────────┘
```

图 4-4　销售目标展开执行的核心流程

能力和负荷逐级展开的核心流程如图 4-5 所示。S&OP 管理的核心会议流程如图 4-6 所示。

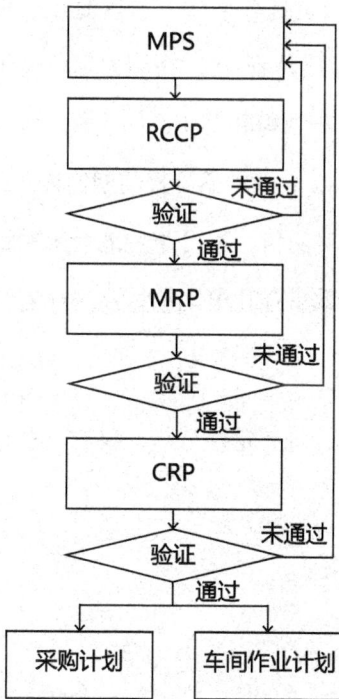

图 4-5　能力和负荷逐级展开的核心流程　　图 4-6　S&OP 管理的核心会议流程

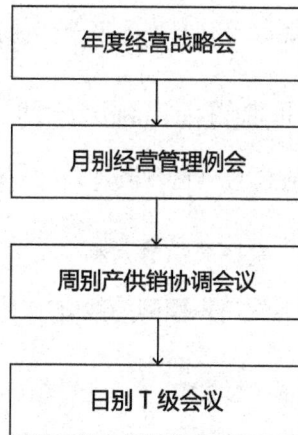

4.2 柔性生产计划管理机制

柔性生产计划管理原则上依托企业 S&OP 管理流程进行，只有在开展生产运营工作的同时在管理机制上予以加强和完善，才能将柔性生产计划的制订、执行和管控更加有效地运转起来，以下八招是进行柔性生产计划管理较有效的方法。

4.2.1 柔性生产计划管理第一招：强化滚动销售预测计划管理

如果企业的累计提前期比客户要求的交货提前期短，也就是说，都是 A 类客户，那么企业在收集客户订单信息，形成月别 SP，在能力和负荷得到平衡后，按照客户要货的时点直接驱动内部生产制程和供应商体系进行生产和交付即可，这就是典型的 MTO 制造方式。其实，企业的累计提前期比客户要求的交货提前期长的情况更加普遍，为了保证准时交付，不可避免地会采用销售预测的方式来应对。柔性生产计划管理第一招就是强化滚动销售预测计划管理。

合理制订销售预测计划

企业制订销售预测计划的方法有很多种，既有定性分析，又有定量分析。

（1）定性的销售预测

定性的销售预测一般有以下几种方法。

- 客户意见法。
- 销售人员意见法。

● 意见汇总法等。

定性分析法是通过收集由专家团队、关注客户的团体和从事调查研究的团体等提供的信息，将其应用于市场调研和定量调查设计的方法，属于主观分析法。

（2）定量的销售预测

定量的销售预测一般有以下几种方法。

● 时间序列分析法：包括算术平均法（简单加权）、几何平均法、移动平均法等。

● 趋势变动分解法：包括随手做图法、拟合直线方程法、拟合曲线方程法等。

● 因果分析法：包括回归分析预测法、投入产出法、经济计量模型法等。

定量分析法是基于数据关联性的计算，通过历史性需求数据的统计和数学演算，建立数学模型，揭示未来需求的方法。通过定量分析法比通过定性分析法预测的数据要准确，而且在某种程度上可以指明发生误差的范围，属于客观分析法。

无论采用哪种销售预测方法，在效果上都会有所不同。不同企业因为产品类型不同，采用的销售预测方法也会有所不同。下面针对快消品和高单价等典型的产品如何合理制订销售预测计划分别予以说明。

（1）快消品销售预测计划制订方法

快消品的特点是更新换代非常快，客户需求波动和变化也较大，产品相对简单。对于这类产品的销售预测计划，可以采用定量分析法，选择合适的销售预测方法，建立数学模型，在一定条件下研究客观事物变化的规律，输出产品销售预测计划。

因为定量分析是基于前期的历史数据，所以要关注预测使用的数据问题。根据数据的有效性、一致性，历史数据量，是否代表真实的需求，数据集合的层次，模型选择的频次，预测的频次等影响因素做出判断。对构成需求的趋势性、季节性、非年度循环和随机误差等数据进行鉴别。通过调整数据、净化数据来取得基线，做好数据管理，最后输出每年52周时间颗粒度的销售预测计划，帮助企业做好相关的资源配置和准备工作，确保企业保质保量地准时交付。

（2）高单价产品销售预测计划制订方法

高单价产品订单接洽的时间周期会较长，客户定制产品的情况较普遍，对产品设计进行变更的情况也会发生，标准化和模块化管理是一项挑战，使生产作业达到标准化较困难，物料的准时齐套性供应难以保证，这时可以采用销售漏斗的管理方式进行销售预测。

销售漏斗的管理方式是将客户订单接洽过程划分为以下几个阶段进行：

- 筛选目标客户；

- 确定目标客户；

- 拜访客户，了解其需求；

- 根据客户需要设计产品方案；

- 提交正式的产品方案；

- 客户确认产品方案；

- 商务谈判；

- 订单成交。

只有在订单接洽阶段完成客户确认方案，相关的产品配置等信息基本已经确定的状态下，才能进入企业的销售预测计划管理流程，这样可以准确、及时地做好生产资源和物料供应的准备，实现更短的交货提前期。销售漏斗的预测管理方式如图 4-7 所示。

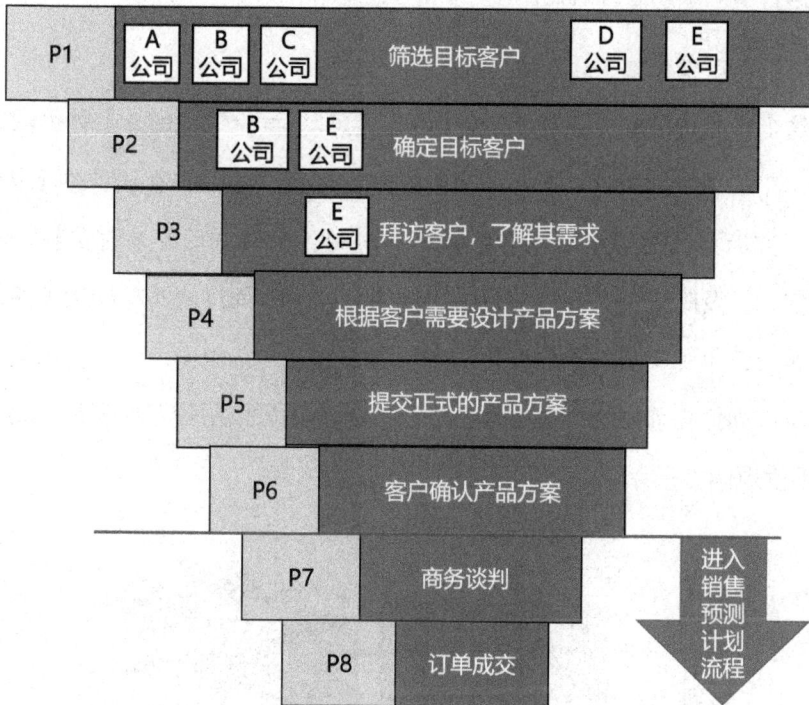

图 4-7　销售漏斗的预测管理方式

强化滚动销售预测计划管理

预测是针对不确定性的一种应对手段，不管采用哪种销售预测方法，使用哪种销售预测工具，都会有局限性，准确性上也会有偏差，可以通过强化滚动销售预测计划管理来减少偏差所带来的影响。

销售预测的不确定性越靠近客户要求的交货时点，就越清晰和明确。企业在制订销售预测计划时可以在时间域的应用上采用缩小预测时间间隔的方式，增加随着时间进展进行销售预测滚动管理的模式控制，减少预测波动、变化所造成的影响和损失。企业一般需要从以下几个方面开展工作，加强企业的销售预测滚动管理机制。

（1）年度销售预测计划的季别滚动管理

这个时间跨度和企业年度销售计划的管理维度是匹配的。具体做法是将企业一年的销售预测计划按照四个季度进行细分，然后按照季别进行滚动管理。一方面要及时更新市场需求和客户订单，另一方面要及时更新业务完成的实绩，及时对任务完成情况做出判断。这个时间段的滚动计划关注的是随着客户订单和市场需求的变化，企业需要配置的资源会产生哪些调整和变化，应该如何提前做好相关的准备工作。年度销售预测计划的季别滚动管理示意图如图4-8所示。

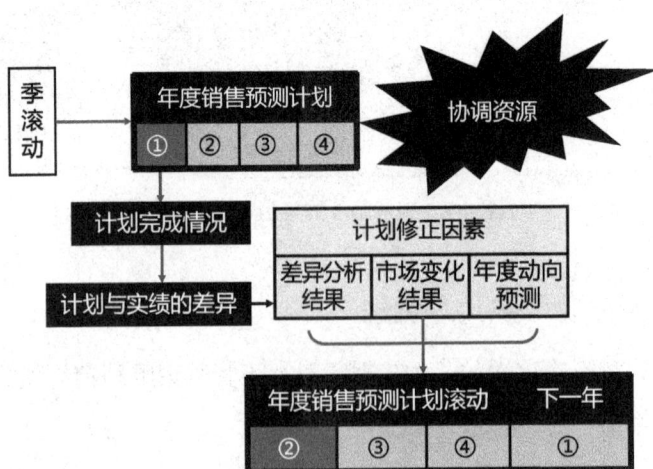

图4-8　年度销售预测计划的季别滚动管理示意图

（2）月别销售预测计划的月别滚动管理

在企业年度销售预测计划的季别滚动管理基础上，企业需要对每个季度的波动变化情况加强管理。这个过程和柔性生产计划管理流程中 MDS 与月别 SP 管理基本可以对应起来。通过对 3 个月的销售预测信息的滚动更新，可以将月别的客户订单和市场需求变化更快、更灵活地传递到企业的生产计划管理部门；通过生产计划管理部门的工作职责安排，对人、机、料、法、环、测等生产制造资源进行优化和调整，为后续的生产制造资源的灵活配置提供帮助。这个时间跨度管理要和柔性生产计划管理中时间域管理的生产计划冻结时间段、生产计划协议时间段和生产计划规划时间段的管理方式结合起来应用。月别销售预测计划的月别滚动管理方式示意图如图 4-9 所示。

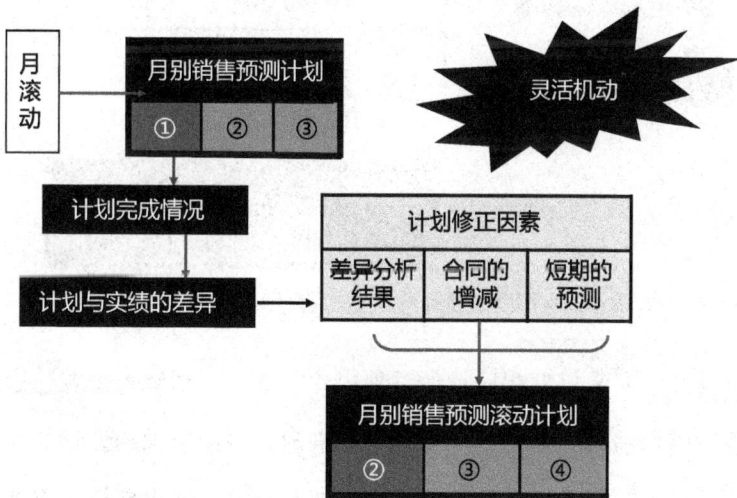

图 4-9　月别销售预测计划的月别滚动管理方式示意图

（3）周别销售预测计划的周别滚动管理

在月别销售预测计划的月别滚动管理的基础上继续优化，细化到周别销售预测计划的周别滚动管理上，在每个月的时间维度上进行滚动管理。当到达这个时间维度进行管理时，和生产计划的衔接就会非常紧密。如果客户订单和市场需求发生变化，就会对生产制造产生影响，最终有可能对客户承诺产生影响，所以必须和柔性生产计划管理中时间域管理的生产计划冻结时间段、生产计划协议时间段和生产计划规划时间段的管理方式结合起来应用。图 4-10 所示为周别销售预测计划的周别滚动管理示意图。

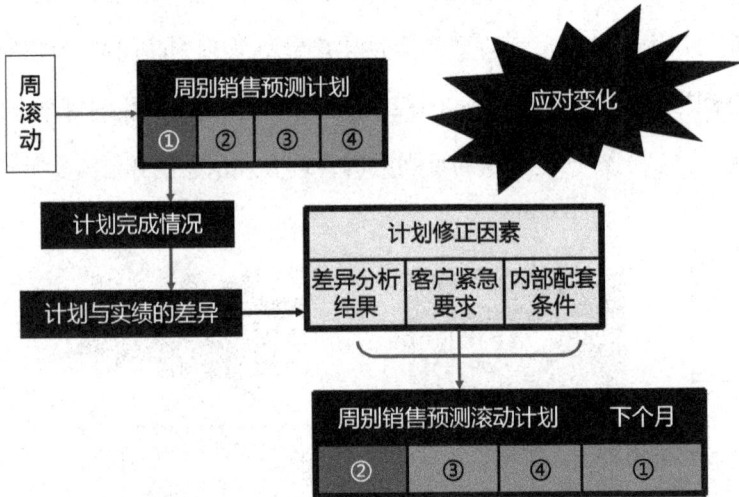

图 4-10　周别销售预测计划的周别滚动管理示意图

　　企业通过年度销售预测计划的季别滚动管理、月别销售预测计划的月别滚动管理、周别销售预测计划的周别滚动管理，将销售预测计划的时间跨度予以细化，可以对客户订单和市场需求的波动和变化做出更快、更准确的反应，以便更好地服务客户。

4.2.2　柔性生产计划管理第二招：ATP 管理

销售人员和市场人员在和客户谈单时，很多情况下是按照累计提前期来答复客户交期的，比如签订合同后或者收到首付款后 30 天交货等。当企业在多区域、多组织销售产品时，有可能多位销售人员在一定的累计提前期内接到的订单会超出企业的生产能力，影响到对客户准时交付的承诺。针对这个问题，1.6 节中提出销售部门和业务部门需要进行 ATP 管理。

通过 ATP 管理，既能了解销售部门和业务部门如何接到更多的订单，又能保证在接到订单后生产制造部门的资源配置是合理和有效的，准时交付的承诺是有保证的，这样才可以做好产销之间的协同和配合。ATP 管理需要即时掌握各种产品的库存状态，了解一定时间内（一般以周为单位进行）可以生产补充该产品的数量，及时更新已有订单的状态，同时还需要有一套 ATP 管理的流程和机制，以确保销售团队和市场团队的每位成员每天都可以得到 ATP 的最新数据（ATP 数量＝总供应数量－订单数量），也能及时帮助每位在外面跑业务的市场人员和销售人员知道现在是供不应求（产能缺乏的状态）还是供过于求（库存堆积的状态），以便每位销售人员和业务人员做出判断，更多地接单，更好地承诺客户。

在信息化技术应用不充分时，即时更新和管理 ATP 数据是较困难的，再将相关的信息每天及时发送到每位销售人员手中更是不现实的。因为很多企业重销售轻制造，认为只要是销售人员接的订单，生产制造部门想尽一切办法也要保证准时交付，所以很多企业并没有对 ATP 进行管理，或者只是流于形式，造成某些时间段内的订单超负荷，生产组织困难，无法保证准时交付。随着近些年信息化技术的发展，方法和手段不断丰富，即时更新的 ATP

数据可以帮助销售人员更多地接单，更好地承诺客户。企业要改变销售管理观念，就要认真推行和加强柔性生产计划管理第二招——ATP管理。

4.2.3 柔性生产计划管理第三招：强化订单评审管理

订单评审管理是在销售的输入端加强各部门业务协同管理的重要一环，它关系到销售、技术、工艺、计划、生产、采购、品质和财务等相关业务部门之间的工作协同。虽然几乎所有企业都有订单评审流程，但很多企业的订单评审管理流程不清晰，评审周期较长，影响了与客户订单的签订周期；有的企业订单评审标准不完善，一些风险没有被识别出来，造成后续的交付延误；还有的企业觉得订单评审工作较麻烦，没有意识到订单评审的重要性，评审工作流于形式，没有起到风险识别和把控的作用。

针对以上问题，企业需要意识到订单评审工作的必要性和重要性，完善订单评审管理流程和标准，强化订单评审业务的管理机制，加强订单评审业务的管理，提前识别订单交付过程中的业务风险，并做好工作预案，为保质保量地实现准时交付而努力。为了做好订单评审管理工作，可以从产品和订单的识别和区分上优化和加强订单评审管理业务。

企业可以制定标准将客户需求从产品和订单两个方面进行区分和归类：将已经正常批量生产的产品划分为常规产品，将还没有经过批量生产的产品定义为特殊产品；将商誉正常、业务合作较规范的企业订单定义为常规订单，将刚刚开发的新市场、新客户，以及业务合作中出现一些问题的客户订单定义为特殊订单，然后针对不同类型分别优化和安排订单评审工作方式。

（1）**常规产品＋常规订单**。这种组合说明订单产品和客户都较成熟，合作的基础和信任度等都不错，按照基本的订单评审流程进行即可，需要销售、计划、生产和采购等部门参加评审，技术、工艺、品质和财务等部门在没有特殊情况下可以不用参加评审，评审的重点是库存、产能、物料供应等方面的准备情况，关注的是能否满足订单准时交付的要求。

（2）**常规产品＋特殊订单**。这种组合说明产品较成熟，客户有一些需要特别关注的情况，比如新市场、新客户还没有建立起基本的信任感，或者商誉受损、资金紧张等情况会影响最终的销售回款，需要销售、计划、生产和采购等部门参加评审，技术、工艺、品质和财务等部门在没有特殊情况下可以不用参加评审。除了评审库存、产能、物料供应等方面的准备情况之外，销售部门还需要对客户的特殊事项进行评审，做出判定，加强对市场和客户的风险识别与预防管理。

（3）**特殊产品＋常规订单**。这种组合说明市场和客户较成熟，产品可能需要全新的开发，还没有进行量产验证；也可能只是有些物料配置变化，后续在产品设计、工艺规划、样品试制、客户批准、小批量试制、质量控制等方面有很多工作要做，周期可能拉长，各种异常和风险出现的概率增加，保质保量、准时交付的承诺会受到挑战，需要在原有部门参加评审的情况下增加技术、工艺和品质等部门的共同参与，加强新产品、新配置、新物料、新工艺的前期模拟验证功能，提前识别出产品制造方面的风险，并做出分析和判断，提前制定出应对预案。

（4）**特殊产品＋特殊订单**。这种组合意味着产品、市场和客户都不成熟，各种异常和风险都有可能发生，订单评审管理非常重要，需要销售、技术、工艺、计划、生产、采购、品质和财务等部门共同参加评审，各负其责，按照订单评审流程和评审标准进行全面、慎重的风险识别和判定，以便决定是否承接这个订单，以及承接这个订单后应该做好哪些准备工作。

通过对产品、市场和客户的特点进行归纳和分析，可以帮助企业更加合理、高效地开展订单评审管理工作，从销售前端开始将柔性生产计划管理做得更好。

4.2.4 柔性生产计划管理第四招：强化产销协同管理

从源头加强柔性生产计划管理的第四招是强化产销协同管理，重点从以下几个方面逐步开展。

第一，进行产销协同业务诊断，识别业务协同的问题和困难，从而对协同管理进行改进。

业务诊断要区分客户，针对以下事项分别进行调研和确认，以便识别后续的改进机会：

- 订单更新的形式；

- 订单更新的频率（日/周/月）；

- 订单的均衡状态；

- 订单锁定的时长；

- 年度需求预测的准确程度（上下浮动的比率）；

- 是否有对订单走势的分析及规律性分析；

- 销售计划信息共享的状态；

- 销售实绩信息共享的状态；

- 月别生产计划的确认和锁定状态；

- 是否具备日计划和周计划的能力。

企业可以借鉴产销协同业务调研表（见表4-1）对自身的产销协同状态进行调研。

第二，加强销售和市场信息的收集和管理，控制信息"牛鞭效应"所产生的影响。

要关注市场和销售信息的收集和识别，注意管控信息的"牛鞭效应"所产生的影响。企业可以结合 ATP 的业务管理在较短的时间内定期向信息源头要数据，想办法控制和减少信息传递过程中的失真和滞后问题。随着信息化技术应用的普及，可以做到将信息采集点向市场前移，与客户的库存和生产计划端进行连接等，从而可以及时地获得市场和客户的需求信息及变化情况。相应地，管理流程和机制要进行转变，要对客户订单的波动范围制定一个管控范围基准，通过市场部门和销售部门的业务协同与优化，主动、有意识地加强 MDS 管理，控制"牛鞭效应"对供应链体系的冲击和影响。

第三，每个月对销售业绩进行阶段性的总结和分析。

销售部门和市场部门每个月要对销售情况进行归纳和总结，从结果上对产销协同状态做出分析和判断，从经营计划的完成情况等方面进行总结、对比和分析。如果完成率达到 100% 及以上，说明本月的销售任务完成得不错，生产协同的效果也是令人满意的。如果销售业绩没有达标，要分析原因，是市场、销售困难还是生产任务没有完成，后续应该如何改进和解决这些问题。通过每个月对销售业绩完成情况进行对比分析，可以对产销协同状态进行总结和分析，为后续各部门的业务协同与优化提供借鉴。图 4-11 所示为月别销售完成情况总结示例。

表 4-1 产销协同业务调研表

产品	国内/国外	客户名称	订单更新形式(N+?)	订单更新频率（日/周/月）	订单是否均衡	订单锁定时长	年度需求预测是否准确（可以上下浮动20%）	共享销售实绩 是否共享	共享销售实绩 共享的频次	共享销售计划 是否共享	共享销售计划 共享的频次	是否具备日计划、周计划的能力	月别计划的确认	是否有对订单走势的分析、是否有对规律的分析	问题点识别
×××	国外	×××	N+3	周	是	1个月	否 今年超出40%	是	每个月1次	是	每个月1次	是	基本锁定、根据完成的实绩进行调整	根据未来2~3个月的走势可以判断长时间的趋势，但不准确	客户订单需要内部转换，信息转换有产生错误的风险
	国内	×××	N+3	周	否	1个月	否	是	每个月1次	是	每个月1次	是	基本锁定、根据完成的实绩进行调整	同上	国内客户订单不稳定，预测不准确，准备周期不足
	国内	×××	N+1	月	是	1个月	否	是	每个月1次	是	每个月1次	是	无法锁定、订单不稳定	同上	—
	国内	×××	周订单	周	否	1周	否	是	每个月1次	是	每个月1次	是	无法锁定、订单不稳定	同上	—
	国内	×××	N+2	月	是	>1个月	是	是	每个月1次	是	每个月1次	是	基本锁定、根据完成的实绩进行调整	同上	—
	国内	×××	N+1	周	否	1周	否	是	每个月1次	是	每个月1次	是	无法锁定、订单不稳定	同上	—
×××	国内	×××													
	国外	×××													
	国外	×××													
	国内	×××													
×××	国外	×××													
	国内	×××													

3月销售完成情况总结

产品	经营 (千美元)	执行 (千美元)	预想 (千美元)	经营比 (%)	执行比 (%)
产品甲	2 453	1 553	1 595	65	103
产品乙	2 090	2 063	2 587	124	125
产品丙	992	900	910	92	101
产品丁	2 156	2 823	2 951	137	105
产品戊	1 534	1 584	1 633	106	103
合计	9 225	8 923	976	105	108

■ 销售差异情况分析

【产品甲】
客户1: 销售前期库存
客户2: 销售新产品

【产品乙】
客户3: 追加订单

【产品丙】
客户4: 销售增加

【产品丁】
客户5: 销售增加

图 4-11　月别销售完成情况总结示例

第四，对成品库存状态进行分析和改进。

产销协同的状态还要从成品仓库的库存数据方面进行分析和判断。成品仓库设置的目的是缓冲"牛鞭效应"对企业生产制造系统的冲击，平抑客户订单或者市场需求波峰和波谷对企业生产制造体系造成的影响，以及快速响应客户订单。在满足客户订单和市场需求的前提下，成品库存的周转越快，意味着产销协同的效率越高。如果成品仓库的周转时间较长，意味着生产出来的产品没有被销售，既占用了生产制造系统的产能，不能生产适销对路的产品，也占用了成品库存的资金和空间，还附带产生了很多管理和工作负荷，产销协同的效率就会较低。通过对成品库存的周转状态进行统计和分析，可以帮助企业识别出产销协同之间的困难和问题到底是什么，以便有针对性地进行改进，提升产销协同的工作效率，为更好地服务客户而努力。表 4-2 所示为成品仓库数据分析表示例，企业可以在每个月做成品库存分析时借鉴和使用。

表 4-2　成品仓库数据分析表示例

料品分类编码	料品分类名称	期间	日均库存金额（元）	周转金额（元）	周转次数（次）	周转天数（天）
11110612	×××产品	2021 年 11 月	66 011	11 118	0.17	178.12
11110601	×××产品	2021 年 11 月	1 424 005	359 928	0.25	118.69
11111101	×××产品	2021 年 11 月	900 254	415 032	0.46	65.07
11110607	×××产品	2021 年 11 月	1 132 046	737 897	0.65	46.02
11110402	×××产品	2021 年 11 月	49 332	37 233	0.75	39.75
11111001	×××产品	2021 年 11 月	95 698	72 588	0.76	39.55
11110602	×××产品	2021 年 11 月	466 714	354 680	0.76	39.48
11110608	×××产品	2021 年 11 月	916 424	731 952	0.80	37.56
11110902	×××产品	2021 年 11 月	275 505	235 256	0.85	35.13
11110901	×××产品	2021 年 11 月	443 385	383 052	0.86	34.73
11110802	×××产品	2021 年 11 月	50 927	50 433	0.99	30.29
11110201	×××产品	2021 年 11 月	2 068 179	2 167 093	1.05	28.63
11110205	×××产品	2021 年 11 月	734 965	783 431	1.07	28.14
11110610	×××产品	2021 年 11 月	484 309	519 205	1.07	27.98
11111002	×××产品	2021 年 11 月	52 213	56 803	1.09	27.58
11110801	×××产品	2021 年 11 月	440 719	517 625	1.17	25.54
11119999	×××产品	2021 年 11 月	66 829	79 353	1.19	25.27
11111103	×××产品	2021 年 11 月	37 931	54 121	1.43	21.03
11110604	×××产品	2021 年 11 月	374 153	542 792	1.45	20.68
11110903	×××产品	2021 年 11 月	897 807	1 342 243	1.50	20.07
11110204	×××产品	2021 年 11 月	825 273	1 420 781	1.72	17.43
11110606	×××产品	2021 年 11 月	250 366	455 260	1.82	16.50
11110611	×××产品	2021 年 11 月	271 563	494 802	1.82	16.46
11111708	×××产品	2021 年 11 月	39 490	72 949	1.85	16.24
11110603	×××产品	2021 年 11 月	229 499	430 606	1.88	15.99
11110609	×××产品	2021 年 11 月	379 740	716 432	1.89	15.90

（续表）

料品分类编码	料品分类名称	期间	日均库存金额（元）	周转金额（元）	周转次数（次）	周转天数（天）
11110303	×××产品	2021 年 11 月	2 243 010	4 437 361	1.98	15.16
11111601	×××产品	2021 年 11 月	46 077	92 579	2.01	14.93
11110202	×××产品	2021 年 11 月	915 476	1 892 751	2.07	14.51
11111701	×××产品	2021 年 11 月	122 927	254 621	2.07	14.48
11110301	×××产品	2021 年 11 月	1 047 767	2 213 125	2.11	14.20
11111102	×××产品	2021 年 11 月	232 334	492 664	2.12	14.15
11111707	×××产品	2021 年 11 月	187 536	410 091	2.19	13.72
11110511	×××产品	2021 年 11 月	468 396	1 160 059	2.48	12.11
11110203	×××产品	2021 年 11 月	705 367	1 790 432	2.54	11.82
11111003	×××产品	2021 年 11 月	188 284	482 147	2.56	11.72
11117777	×××产品	2021 年 11 月	401 781	1 040 286	2.59	11.59
11111702	×××产品	2021 年 11 月	31 664	93 362	2.95	10.17
11110904	×××产品	2021 年 11 月	105 774	314 023	2.97	10.11
11110806	×××产品	2021 年 11 月	394 829	1 186 662	3.01	9.98
11110510	×××产品	2021 年 11 月	348 308	1 060 934	3.05	9.85
11110504	×××产品	2021 年 11 月	396 737	1 244 408	3.14	9.56
11111201	×××产品	2021 年 11 月	69 511	234 126	3.37	8.91
11111501	×××产品	2021 年 11 月	83 411	299 273	3.59	8.36
11111405	×××产品	2021 年 11 月	18 209	66 922	3.68	8.16
11110502	×××产品	2021 年 11 月	238 400	935 284	3.92	7.65

4.2.5　柔性生产计划管理第五招：强化产供协同管理

如今已经进入了供应链协同发展时期，所有企业都处于不同的供应链体系中，已经不可能通过单打独斗实现生存和发展了。企业竞争进入了供应链层面，做好产供协同管理是大势所趋，柔性生产计划管理也必然需要提高产供协同效率，这需要从以下几个方面有针对性地进行改进和提升。

（1）供应商的生产和交付能力管理

作为供应链上的合作伙伴，生产能力的共享是提高产供协同业务效率的基础。很多企业并没有掌握供应商生产能力的数据，更多的是基于自己的需求硬性给供应商下达采购计划。如果下达的采购计划超出供应商的生产能力，那么只能要求供应商想尽一切办法，必须按照要求准时送货。如果供应商不能按时交货，且没有有效的措施和解决方案，那么只能被动地通过调整生产计划来仓促应对。这种生产计划的临时调整会影响到其他供应商的交付状态，还会造成新的供应商不能及时送货，从而使企业陷入产供协同的怪圈而不能自拔。

有的供应商的生产能力没有问题，但是在准时交付和产品质量的稳定性和可靠性等方面表现较差，越是在关键时刻，越容易出现问题。即使物料已经送达，很多时候在使用过程中还会发生物料尺寸超差、质量有内在缺陷等问题，影响生产现场的实际应用，对企业正常的生产组织和准时交付产生影响。

基于以上这些困难和挑战，需要企业从供应链管理协同的原则出发，对供应商的生产能力和交付水平进行有针对性的确认。经过双方认可后，确定产能和交付能力的基础管理数据，继续优化后续的产供协同，根据能力合理地制订和下达采购计划。表4-3所示为供应商生产能力管理表示例。

（2）运行月别采购计划和周别送货计划管理机制

为了应对客户订单和生产需求的波动和变化对供应链体系的影响，在企业和供应商的产销协同方面要建立灵活和柔性的业务协同机制，这主要体现

表 4-3　供应商生产能力管理表示例

供应商	铸造类型	生产线名称	数量(条)	可生产产品名称	产品图号	模具数量(套)	模数(件/模)	班制(班/天)	日工作时间(小时/天)	工作日(天)	作业循环时间(分钟/模)	日产能(件/日/台)	制造周期(天)	设备综合效率(OEE)	月产能(件/月)	供货比例	供货数量(件/月)	备注
×××	挤压铸造	挤压1#~5#	5	×××	3971666/3971666-238/3971930	1	1	2	16.75	28	7	144	5	85%	3 417	100%	17 000	可开5组
				×××	3971630/3971630-554	1	1	2	16.75	28	7	144	5	85%	3 417			
				×××	4932623	1	1	2	16.75	28	7	144	5	85%	3 417			
				×××	3999869	2	1	2	16.75	28	7	144	5	85%	6 834			
				×××	5255795	1	1	2	16.75	28	7	144	5	85%	3 417			
				×××	5255800	1	1	2	16.75	28	7	144	5	85%	3 417			
				×××	5447592-600	1	1	2	16.75	28	7	144	5	85%	3 417			
				×××	1002061-A11	1	1	2	16.75	28	7	144	5	85%	3 417			
	低压铸造	低压1#	1	×××	1002061E52EY	1	1	2	16.75	28	10	101	5	80%	2 251			
	重力铸造	水平1#	1	×××	5402304	1	1	2	16.75	28	13.96	72	7	80%	1 613	100%	3 200	可开2组
		水平2#	1	×××	5344320	1	1	2	16.75	28	11.69	86	7	80%	1 926			
		自动1#	1	×××	4996002	1	1	2	16.75	28	12.56	80	7	80%	1 792			
				×××	2831357/2831357-370	1	1	2	16.75	28	11.17	90	7	80%	2 015			
				×××	5441994	1	1	2	16.75	28	11.17	90	7	80%	2 015			
		自动2#	1	×××	5536563	1	1	2	16.75	28	12.56	80	7	80%	1 792			
				×××	5775835	1	1	2	16.75	28	16.75	60	7	80%	1 344			
				×××	5558743	1	1	2	16.75	28	13.96	72	7	80%	1 613			
	重力铸造	翻转1#	1	×××	3693477	1	1	2	16.75	28	8.38	120	4	85%	2 854	100%	—	1组2班
				×××	5486181	1	2	2	16.75	28	9.14	220	4	85%	5 234			
				×××	3693896	1	4	2	16.75	28	7.73	520	4	85%	12 377			
				×××	5568838	2	2	2	16.75	28	9.14	220	4	85%	5 234			
				×××	5227258	1	2	2	16.75	28	8.38	120	4	85%	2 854			
				×××	5404575	1	1	2	16.75	28	8.38	120	4	85%	2 854			
				×××	5448253	1	1	2	16.75	28	8.38	120	4	85%	2 854			
				×××	5448255	1	1	2	16.75	28	12.56	80	4	85%	1 904			
	高压铸造	高压1#	1	×××	3694912	1	1	1	6.75	28	0.81	500	5	85%	11 900	20%	2 380	1组1班

在物料的采购计划和交货计划的灵活匹配上。

和供应商建立基于生产能力的月别采购计划协同业务管理机制，一方面要考虑规模化采购的成本优势，另一方面要基于每个月4周的时间跨度的需求预示，使供应商在生产制造资源的规划、配置的优化、生产计划的制订、规模化的生产制造交付方面有相对充裕的时间和空间进行准备，加强和供应商业务协同的稳定性和可靠性。月别采购计划的制订可以借鉴表1-11外购件需求数据表示例。

为了应对客户订单和生产需求的波动和变化对供应链体系的冲击，和供应商之间还需要构建可以在一定供货范围内进行灵活调整的柔性能力，这种柔性能力体现在日别的供应商供货计划的制订和执行上。企业要根据平准化的 MPS 的要求，通过 MRP 分解出供应商的日别交货计划，再通过每日的物料供应情况和计划波动调整情况，提前一周给出下一周的日别物料交货调整计划，指导供应商进行灵活供应，提高产供协同业务效率。表4-4所示为供应商日别送货计划表示例。

（3）建立和供应商及时的信息沟通渠道和业务管控机制

产供协同机制的优化还体现在信息沟通渠道的梳理和完善上，企业要和供应商之间建立月别、周别和即时的信息沟通渠道，加强信息沟通，实现业务协同管控，更好地应对客户订单和市场需求波动和变化带来的影响，提高产供协同效率，保证准时交付。

- 企业要建立每个月末固定时点的信息沟通渠道，定期向供应商提供下个月的需求预测滚动计划，以便供应商提前协调和准备生产制造资源，确保物料供应。

表 4-4　供应商日别送货计划表示例

产品编码	产品名称	计划/实绩(个)	10月1日 周五	10月2日 周六	10月3日 周日	10月4日 周一	10月5日 周二	10月6日 周三	10月7日 周四	10月8日 周五	10月9日 周六	10月10日 周日	10月11日 周一	10月12日 周二	10月13日 周三	10月14日 周四	10月15日 周五	10月16日 周六	10月17日 周日	10月18日 周一	10月19日 周二	10月20日 周三	10月21日 周四	10月22日 周五	10月23日 周六	10月24日 周日	10月25日 周一	10月26日 周二	10月27日 周三	10月28日 周四	10月29日 周五	10月30日 周六	10月31日 周日	合计(个)
4932624	×××	计划				80	140	140	140	140	140		140	140	140	140																		1 340
		实绩						64	96	128	32	64	128	160	32	192	96	32	64	64	96													1 248
3971666	×××	计划				140	140			140			140	140	140	140				140	130													1 250
		实绩					128	64	96					160	32	192	96	139	140	140	96													1 119
3971666-238	×××	计划						140	140	140	140	70	140	140	112	140	140	139	56	112	196	168	140	60								140		1 400
		实绩					280	28	112	84	56	168	280	160	240	252	280	140	70	140														1 512
3999869	×××	计划					300	300	300	300	300	300	240	240	240	240	240	240	240	240	240	140	240											4 400
		实绩					504	56	280	280	212	251	240	140	112	240	252	308	140	224	364	252	504											4 356
3971630-554	×××	计划				140	140	140	140	140	140	140	140	140	140	112	140	140	140	140														2 100
		实绩					168	308	112	196	28	56	28	28	224	112	224	112	112	112	112	196	31											2 159
2831357	×××	计划					70	70	70				120	37	80											50	27							300
		实绩					24	48	24	96	20						8								72		16							357
5441994	×××	计划								60	60	60	60	60	60	60	60	60	60	96	24	48	120	88										600
		实绩						50	19				43	32	96	32	96	143	24	96	96	97	32	107										690
4996002	×××	计划											43	32	96		64	64	99	32	84	128			67	50	70	60	130	30	20			700
		实绩							24	96	20														56			21							829
5558743	×××	计划																						60		140	180	50	50	50	50	50	100	450
		实绩																									113	60	130	30	20		100	446
5447592-600	×××	计划																								180	180	50	50	50	50	190	100	200
		实绩																																217
合计(个)		计划	0	0	0	360	790	790	720	880	880	670	863	820	760	820	776	676	746	756	466	377	380	60	0	180	180	50	50	50	50	190	100	13 440
		实绩	0	0	0	0	1 194	858	891	688	350	539	704	492	600	840	964	854	495	640	876	792	883	195	139	0	113	60	130	30	20	0	0	13 347
		完成率																																99.31%

- 企业要建立每周末固定时点的信息沟通渠道，定期更新供应商下一周的物料交货计划（波动范围控制在 10% 以内），以便供应商能够进行生产计划的调整和优化，更好地满足企业的实际供货需求。

- 企业要建立即时的信息沟通机制，针对发生的各种异常情况，比如，当日别的物料交货超出计划波动范围 10% 时，就要马上开会，协调供应商的资源。

只有和供应商建立起信息沟通渠道和业务管控机制，生产计划才能和实际发生的业务产生协同，体现出产供协同优化的价值。

（4）加强原材料库存的周转管理

原材料仓库是企业和供应商建立物料供应联系的地方，企业既要保证正常生产所需的物料供应，又要提高库存的准确性，加快物料的周转效率。所以，企业每个月要将原材料仓库的运转状态进行归纳和总结，通过对库存周转状态进行分析及数据筛查（见表4-5），分析识别出哪些物料供应效率较低，从而对该物料供应商的协同供应情况进行分析，并采取有针对性的措施进行改进。

表 4-5 原材料仓库分析表示例

料品分类编码	料品分类名称	供应商	期间	日均库存金额（元）	周转金额（元）	周转次数（次）	周转天数（天）
11110605	×××	×××	2021 年 11 月	279 105	54 686	0.20	153.11
11110808	×××	×××	2021 年 11 月	370 122	80 364	0.22	138.17
11111501	×××	×××	2021 年 11 月	115 780	62 534	0.54	55.54
11110508	×××	×××	2021 年 11 月	96 749	88 595	0.92	32.76

（续表）

料品分类编码	料品分类名称	供应商	期间	日均库存金额（元）	周转金额（元）	周转次数（次）	周转天数（天）
11111002	×××	×××	2021 年 11 月	44 342	40 920	0.92	32.51
11110802	×××	×××	2021 年 11 月	120 358	116 152	0.97	31.09
11111601	×××	×××	2021 年 11 月	31 149	31 023	1.00	30.12
11111407	×××	×××	2021 年 11 月	22 914	26 190	1.14	26.25
11111101	×××	×××	2021 年 11 月	264 044	306 048	1.16	25.88
11118888	×××	×××	2021 年 11 月	1 972 610	2 460 352	1.25	24.05
11110904	×××	×××	2021 年 11 月	265 115	350 042	1.32	22.72
11111707	×××	×××	2021 年 11 月	157 977	209 503	1.33	22.62
11111703	×××	×××	2021 年 11 月	24 418	33 309	1.36	21.99
11111708	×××	×××	2021 年 11 月	144 405	200 071	1.39	21.65
11110602	×××	×××	2021 年 11 月	106 708	174 737	1.64	18.32
11111406	×××	×××	2021 年 11 月	8 893	14 847	1.67	17.97
11110804	×××	×××	2021 年 11 月	165 297	276 541	1.67	17.93

（5）加强供应商队伍建设和管理

企业和供应商是不同的法人主体，在业务协同上需要共赢而不是博弈。选择和建设合适的供应商队伍非常关键，同时，供应商队伍的管理工作也很重要，要从企业之间的技术、成本、速度、质量和安全等多个维度推行业务和管理的工作协同，只有这样才能在整个供应链的快速响应上发挥合力，达到提升整个供应链竞争能力的目的。供应商队伍建设和管理体系示例如图4-12 所示。

图 4-12 供应商队伍建设和管理体系示例

4.2.6 柔性生产计划管理第六招：强化内部制程协同管理

柔性生产计划在加强产销和产供协同的同时，也需要强化对企业内部各个生产制程的制造协同管控。企业内部的各个生产制程在定拍点装配线的MPS拉动下运转起来，进行同步化制造。在保证准时交付的前提下，生产制造资源的高效运转是内部制程协同的目标。具体的改进工作可以从以下几个方面进行推进。

（1）内部制程间生产能力的匹配和优化

为了确保企业内部各个制程能够同步化运转，就需要对生产能力的平衡匹配进行控制，如表 4-6 所示。特别是在各个生产制程的生产制造资源较多、进行资源匹配的选择性也很多的情况下，制订生产作业计划的各种变数会呈指数级增加，这会使作业计划制订的复杂性和执行的困难度增加，对各个生产制程的同步化生产控制造成较大的影响。为了解决这个问题，需要对各个生产制程的生产制造资源的加工能力进行分析，将只能单独匹配的资源、满负荷匹配的资源和可以灵活匹配的资源进行区分，将只能单独匹配的资源和满负荷匹配的资源固定形成一个个生产资源组。对这些固定的生产资源组单独制订生产作业计划，以减少资源匹配的复杂性，提高生产作业计划制订的合理性和生产现场执行的有效性，加强内部制程的产能协同运营管理。

表 4-6　各个生产制程生产资源能力匹配表示例

产品名称	节拍（秒）	压铸设备 CT（秒）	能力匹配（台）	数控设备 CT（秒）	产线匹配（条）
SHDZ01	45	65 / 90	1.8	199	4.5
SHDZ02	34	60	1.8	199	5.9
SHDZ15	56	88 / 80	1.7	503	9.0
BMDML16	25	75	3.0	170	6.8
BMDML37	117	79 / 91	1.2	292	2.5

（2）内部制程间的在制品控制管理

因为各个生产制程的工艺特点不同、布局的距离和制造资源的配置不同，所以当各个生产制程不能够按照节拍联结在一起进行流动生产时，在各个生产制程之间就会出现在制品堆积。因为在制品堆积会占用生产空间，增加现场管理的负荷，占用资金，拉长生产提前期，影响产能的充分释放，进而影响到各个生产制程间的生产协同，所以加强各个生产制程间的在制品管理是内部制程协同管理的重要组成部分。

如表4-7所示，要根据不同生产制程间的生产能力配置，来设定搬运的时间间隔和频次，以及各个生产制程间的在制品基准，要按照节拍的要求将在制品数量转换为时间单位进行固化管理。通过设定在制品基准来确定物料的等待周期，从而有助于固定生产提前期、制订生产计划、加强前后制程间物料衔接的匹配与协同。

表4-7　各个生产制程间在制品基准管理表示例

产品名称	压铸件后处理在制品基准	数控前在制品基准	取消中间仓库存（个）	成品仓库存基准
SHDZ01收容数 72	360 个（5 筐）	360 个（5 筐）	0	5 000 个（3 天）
SHDZ02收容数 161	483 个（3 筐）	483 个（3 筐）	0	6 700 个（3 天）
SHDZ15收容数 42	252 个（6 筐）	252 个（6 筐）	0	4 050 个（3 天）
BMDML16收容数 120	600 个（5 筐）	600 个（5 筐）	0	18 100 个（6 天）
BMDML37收容数 72	144 个（2 筐）	144 个（2 筐）	0	3 900 个（6 天）

（3）内部制程间的物流配送优化

定义内部制程间的能力匹配，通过在制品基准实现物料衔接，通过搬运来实现物料配送，对内部制程的物流配送进行协同优化。按照精益的物流配送原则，只要搬运频次增加一倍，就可以减少一半的搬运批量，同时也可以减少一半的制程间的在制品数量，再通过优化搬运工具、搬运路线，使用标准化的小容器，确定容器的标准收容数等方法，实现多品种、小批量、多频次的搬运，从而降低制程间的在制品数量，实现制程间物料搬运的及时性和准确性协同，如图 4-13 所示。

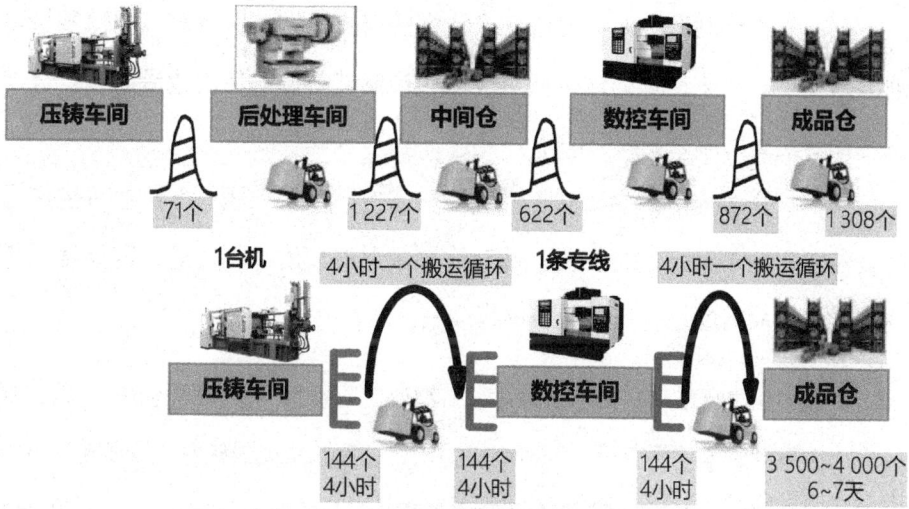

图 4-13　制程间物流配送优化示例

（4）建立快速响应机制

企业各个生产制程是生产制造的主战场，在生产运营中会发生各种异常和问题，比如由设备故障所造成的停机损失，由产品质量问题所产生的停线影响，作业者因技能不熟练而造成生产延缓，因物流不畅而造成停机等待等问题都有可能发生，从而影响各个生产制程间的生产协同。为了解决这些问题，可以每天召开问题快速响应例会，各生产车间的生产主管及设备部门、技术部门、工艺部门、品质部门、生产管理部门等相关人员参会，就各个制程的生产情况进行交流，特别是对各种异常是否会给其他制程造成影响予以通报。同时，大家共同探讨问题的解决之策，共同做好制程间的协同配合工作。

4.2.7　柔性生产计划管理第七招：强化计划变更管理

企业的生产制造资源会随着生产计划的安排被调动，从而实现保质保量地准时交付。对生产计划进行调整会对生产制造资源的使用造成影响。造成生产计划变更的原因主要有两个。

第一，企业内部的生产制程或者物料供应出现了问题，无法执行生产计划，需要对生产计划进行变更。针对这种情况造成的计划变更，需要从以下几个方面采取措施，有针对性地进行改进。

- 借力信息化技术，使用条形码、二维码、无线射频卡、扫描枪等工具，提高及时、准确地获得每天、每班的生产进度和实绩的能力，以便随时掌握生产计划的执行情况，及时发现各种异常发生的原因及造成的损失和影响。

- 合理进行生产能力的管控参见 3.2 节"柔性生产计划制订第一招：制造产能的柔性设定"中介绍的方法，在每日标准产能的应用上对各种异常发生的情况做出缓冲设计，通过加班将异常损失弥补回来，尽量不调整生产计划，以免造成更多的损失和影响。

- 针对企业内部制程发生的设备故障、质量问题、操作异常等问题，采用 TPM、TQM 和标准作业改善等方法进行改进，以减少这些问题对生产计划调整的影响。

- 针对生产过程中物料供应问题对生产计划调整的影响，可以参见 2.6 节

"供应商队伍建设和管理要点"中介绍的方法，加强供应商队伍建设和管理，提高物料供应的准时齐套性能力，减少此类问题造成的生产计划调整。

第二，客户订单和市场需求发生了变化，需要变更生产计划，这会对 MPS、MRP、CRP 和 PAC 均造成一定的影响。针对这种情况造成的生产计划调整，需要从以下几个方面进行协同改进。

- 加强产销业务协同管理，认真推行年度销售预测管理、季别 MDS 滚动管理、月别 SP 滚动更新，以及周别 SP 滚动更新，将客户订单和市场需求的变化通过不同时间段的滚动调整，将波动范围逐步控制在 10% 以内，尽量减少客户订单和市场需求变化对生产计划调整的影响。
- 厘清生产计划调整中生产制造部门和销售部门之间的职责划分。应用 3.3 节"柔性生产计划制订第二招：'时间域'管理"中介绍的方法，将生产计划冻结、生产计划协议和生产计划规划三个时间段应用好，加强生产计划变更管理。

是否进行生产计划变更及如何合理地进行变更，需要依据能力和负荷的关系及物料的供应情况来判断。柔性生产计划管理通过以上改进措施，可以做到对计划变更的有效管控。

4.2.8　柔性生产计划管理第八招：定期的产供销协同管理会议机制

柔性生产计划的制订和管理有一套对应的管理流程和标准，真正落地执行还需要管理机制的保障。依托企业的 S&OP 管理流程，对应 S&OP 管理流程中的战略规划、战术展开和战术执行等层次，定期召开产供销协同各级管理会议是保障柔性生产计划有效执行的管理手段。

（1）年度经营战略回顾会议

按照 S&OP 管理流程，企业要定期制订未来 3～5 年的经营战略发展规划，对企业的经营体制、财务表现、产品经营方向、市场和销售策略、技术和生产的发展方向、人力资源的开发储备及管理提升的目标等方面提出要求，同时，要将未来 3～5 年的经营战略发展规划分解到每个年度经营计划和执行计划的对比管理。

年度经营战略回顾会议由企业统一组织和安排，是经营和管理层全体参加的阶段性的工作总结和回顾会议。这个会议针对企业的经营现状、销售业绩和收入情况每半年召开一次，以便确认工作进展和目标达成情况，加强过程控制和管理，确保有效执行年度经营战略，从而实现经营目标。

（2）月别经营管理回顾例会

在每个月的前 5 日要在完成上个月财务结算的基础上，召开月别经营管理回顾例会。例会要求企业的经营和管理层人员全体参加，对上个月的销售完成情况、生产进展、质量水准、成本控制结果、生产效率管理、人员和生产提前期管理等方面的业绩进行总结，同时与企业的经营计划和目标进行对比分析，掌握业务完成的比率及趋势。图 4-14 所示为月别经营管理例会报告示例，企业可以借鉴和使用。

（3）周别产供销协调会议

在月别经营管理回顾例会的基础上，企业还要定期召开周别产供销协调会议。会议由生产管理部门组织和主持，销售、采购、制造、品质、设备、

对比项目		2月			3月		备注
		经营计划	执行计划	实绩	经营计划	执行计划	
销售	卖出额（千美元）	896	760	906	992	903	订单不足，生产量有差异
生产	生产量（百万个）	1 241	1 500	1 246	1 700	1 700	
品质	工程收率（%）	94.3	93.1	92.0	94.33	92.5	小批量订单的增多对质量、追加作业率和生产提前期的影响很大
	不良率（%）	41	44	44	41	41	
	件数（件）	0	0	1	1	0	
成本	废弃率（%）	3.70	3.0	2.43	3.50	2.6	
	实查率（%）	0.10	0.10	0	0.10	0.10	
生产效率	人员（千人）	294	320	321	303	345	
	设备（%）	76.6	76.0	75.7	77.0	77.0	
生产提前期（天）		3	3	4.6	3	3	
人员管理	直接作业者（人）	188	188	187	198	190	
	间接作业者（人）	91	91	93	91	91	
	合计（人）	279	279	280	289	281	
追加作业率（%）		17	15	17.2	15	15	

图 4-14　月别经营管理例会报告示例

仓储、物流等相关部门的领导参加。在协调会议上，各部门要进行总结，并提出自己的需求，与其他部门进行业务沟通与协调。

生产管理部门首先要做总结，将月别计划和周别计划等变动情况、生产任务的累计完成情况等进行通报，同时将生产的差异情况进行说明，以便各部门了解生产的整体进展情况。图 4-15 所示为生产管理部门周总结报告示例。

销售部门要将销售业绩的完成情况和后续的销售计划向各部门通报，特别要对变化情况予以重点说明，针对需要哪些部门进行业务协同提出明确要求。图 4-16 所示为销售部门提出的业务协同事项报告示例。

产品		3月生产计划			周间计划 (3月1日—3月4日)			累计计划 (3月1日—3月4日)					差异原因
		期初 (个)	变更 (个)	差异 (个)	计划 (个)	实绩 (个)	达成率 (%)	期初 (个)	变更 (个)	实绩 (个)	达成率 (%)	进展率 (%)	
产品族1	产品甲1	201	173	-28	21	20	95	21	21	20	95	12	
	产品甲2	83	83	0	21	22	103	21	21	22	103	26	
	产品甲	284	256	-28	42	42	99	42	42	42	99	16	
	产品乙1	87	117	31	23	29	126	23	23	29	126	24	
	产品乙2	744	872	128	120	115	95	120	120	115	95	13	
	产品乙3	63	61	-2	11	9	83	11	11	9	83	15	
	产品乙	893	1050	157	154	153	99	154	154	153	99	15	
产品族2	产品丙1	4842	5098	256	693	637	92	693	693	637	92	12	
	产品丙2	520	520	0	83	30	36	83	83	30	36	6	
	产品丙	5362	5618	256	776	667	86	776	776	667	86	12	
	产品丁1	1080	1230	150	172	182	106	172	172	182	106	15	
	产品丁2	1291	1291	0	158	338	214	158	158	338	214	26	
	产品丁	2371	2521	150	330	520	158	330	330	520	158	21	
产品族3	产品戊1	1550	1700	150	262	241	92	225	262	241	92	14	
	产品戊2	1700	1700	0	227	278	123	227	227	278	123	16	

差异原因

[产品甲]
◇ 检测机特性差异

[产品乙1]
◇ 操作工缺勤发生差异
◇ 阻抗值不良

[产品乙2]
◇ 操作工缺勤发生差异
◇ 纳期紧急发生差异

[产品丙]
◇ 面板供给迟延

[产品丁]
◇ 外协能力不足

[产品戊]
◇ 断面印刷设备故障
◇ 阻抗值不良及外观不良

图 4-15　生产管理部门周总结报告示例

销售部门通报和业务协同要求事项

- 产品甲

  客户1：高感度产品生产不稳定，形成销售差异。

  客户2：产品月末才能出库，预计销售减少。

- 产品乙（下周销售变化）

  客户3：需求急剧增加。

  客户4：订单增加。

  客户5：订单增加。

  请产品乙生产部提前做出预案，保证准时交付。

- 产品丙

  客户6：市场萎缩，机种销售减少。

  国内市场增加代理商，订单增加。

- 产品丁

  上周交期遵守率只有55.8%，本周需要就如何保证准时交付拿出解决方案。

图 4-16　销售部门提出的业务协同事项报告示例

采购部门作为物料供应管理部门，对于物料的供应和管理情况要进行通报，特别是物料的短缺、物料的质量问题及长期库存的处理等是需要通报的重点事项。图4-17所示为采购部门通报事项示例，企业可以借鉴和使用。

采购部门通报事项

供应有问题的原材料情况

产品甲：产品漆包线(3812-000172)因原材料调达问题，下周库存不足，预计3月5日才能入库使用。

产品乙：将客户1使用的物料转换为新的原材料，交货期的不确定性增加。

产品丙：使用电子替代物料(0405-001053)后质量问题频发，正在推进改善。

国产化事项进展

产品甲：第一次样品合格，二次送样进行中，预计价格下调4.7%。

产品乙：推进三川金属的U型卡国产化，单价下调9%。

长期库存处理

产品乙：德国产高压帽需要进行修理，修理费预计4 000美元，占在库费用的15%。

供应商走访：

拜访供应商，商谈新物料的采购。

图4-17 采购部门通报事项示例

其他业务部门有需要通报和协同的事项需要提前和生产管理部门报备，在周例会上进行通报；周别产供销协调会议围绕着销售业务正常进行，推动对关联的生产制造、物料供应等相关业务提出问题和解决问题，通过产供销业务的改进和协同，做好柔性生产计划管理。

（4）日别T级会议管理机制

在周别产供销协调会议机制基础上，生产车间作为产品交付的关键场所，还有日别T级会议管理机制助力柔性生产计划的有效管控。层级会议（Tiers Meeting）简称T级会议，是每日生产现场职责管理流程的具体应用。

它通过系统和规律性的活动，要求现场团队共同确认柔性生产计划的完成情况，以及对各种信息、问题和改进机会的跨部门的交流，制定出解决问题的对策，通过改进措施、跟踪结果来达到提升柔性生产计划管理所需的行动和结果。

根据 T 级会议不同的区域、范畴，一般可分为三个等级。

（1）T1 会议：由各生产线班组长主持召开

- T1 会议通常在每个班次开始前召开，由生产班组长和员工参加的 10 分钟左右的简短会议。

- T1 会议的重点是生产班组长对前一天的生产计划的完成情况和工作绩效，包括任何一个细节进行点评，然后评估和安排当天的生产任务及其他注意事项。

- 在一周指定的几天内，会对重点主题给予特别的关注，包括安全、质量、审查结果、小组成员提出的改进建议的实施情况等。

- 公布本班组每天的劳动力计划和轮班计划。

（2）T2 会议：由车间生产经理主持召开

- T2 会议是继 T1 会议后车间经理及其生产班组长每天召开的会议。

- 由车间经理主持的这一会议关注两个话题：执行任务和改善任务。

- 各生产线班组管理板上的信息基本包括关键流程和设备的状态，以及到目前为止本周或本月的安全、质量、交付和成本方面的绩效数据概要，生产班组长在参会前要更新相关数据的趋势图表，做好汇报准备工作。

- T2 会议的焦点是了解和追踪图表中反映出的每一个偏差。生产班组长需要准备汇报以下内容：生产过程中发生了什么问题和困难，正在采取哪些措施进行相应的改进，是否需要三级会议中其他人员的支持与帮助。

- 在 T2 会议上分配和确认改善任务的安排及进展情况。

（3）T3 会议：由生产总监主持召开

- T3 会议是继 T2 会议后由生产总监、车间生产经理和职能管理团队代表共同召开的会议。
- T3 会议是每日定期、定点召开的专项快速响应会议。
- 更新会议中部门的每日绩效数据及趋势管理情况，内容包括安全、质量、交付及成本等典型要素。
- 车间经理要简要评估当日人员的分配情况，然后简要评估前一天的生产表现。
- 生产总监会重点审查前一天的安全、质量、生产绩效、成本、设备等管理追踪图表。他会仔细查看生产完成情况、出现偏差的原因，然后基于数据与各部门负责人研讨各项问题与困难的解决之策，进行任务分配与安排。
- 会议最后一个议题是评估还未解决的逾期问题及当日应该完成的任务。

T 级会议机制之间的关系是各个层级要把握自己可以调动的资源，在自己负责的区域和范畴内解决问题。当自己的资源不足或需要跨部门、跨职能的支持和帮助时，需要在上一层级的会议上提出。各层级会议按照管理和支持流程，对需要支援和帮助的团队进行资源的调配，帮助其解决问题。图 4-18 所示为 T 级会议问题暴露和解决机制流程。

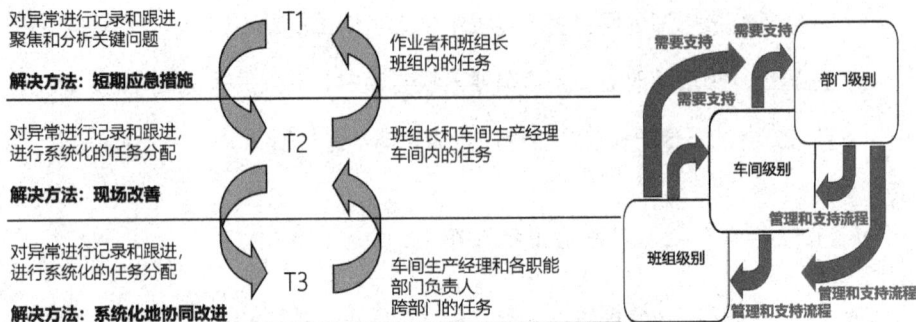

图 4-18　T 级会议问题暴露和解决机制流程

T 级会议的组织和运行形式示例如图 4-19 所示。

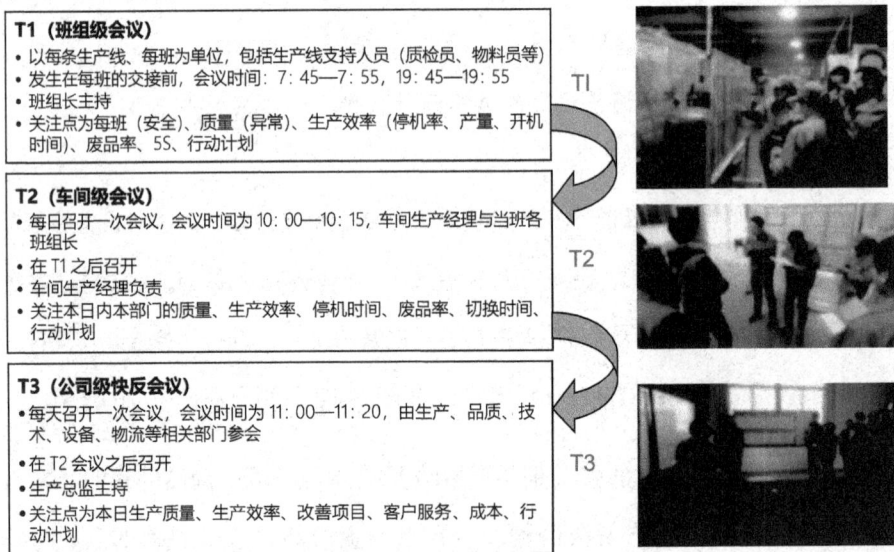

T1（班组级会议）
- 以每条生产线、每班为单位，包括生产线支持人员（质检员、物料员等）
- 发生在每班的交接前，会议时间：7：45—7：55，19：45—19：55
- 班组长主持
- 关注点为每班（安全）、质量（异常）、生产效率（停机率、产量、开机时间）、废品率、5S、行动计划

T2（车间级会议）
- 每日召开一次会议，会议时间为 10：00—10：15，车间生产经理与当班各班组长
- 在 T1 之后召开
- 车间生产经理负责
- 关注本日内本部门的质量、生产效率、停机时间、废品率、切换时间、行动计划

T3（公司级快反会议）
- 每天召开一次会议，会议时间为 11：00—11：20，由生产、品质、技术、设备、物流等相关部门参会
- 在 T2 会议之后召开
- 生产总监主持
- 关注点为本日生产质量、生产效率、改善项目、客户服务、成本、行动计划

图 4-19　T 级会议的组织和运行形式示例

第 5 章

柔性生产计划执行管控

柔性生产计划执行管控，是按照柔性生产计划的要求，组织各生产车间完成生产作业计划的过程。该管控需要全面了解企业的生产进展情况，掌握计划与实绩之间有无差异及产生差异的原因，从而及时调配劳动力，合理利用生产设备，优化物料供应与储存，做好厂内外物料的运输工作，调整生产进度，做好生产服务工作。

5.1　柔性生产计划执行管控的功能

柔性生产计划执行管控的主要作用包含以下几个方面：

- 保证企业生产经营活动得以正常进行；
- 保证柔性生产计划落地执行；
- 调节生产进度；
- 解决生产中暴露出来的各种问题。

柔性生产计划执行管控的主要功能包含以下几个方面。

（1）**进度管理**。进度管理是柔性生产计划执行管控工作的核心，是指严格遵照生产作业计划的排程要求，按照作业标准（节拍、作业顺序、标准工时、质量标准、材料定额等）的要求，从作业准备开始到作业结束进行的贯穿产品生产全过程的进展管控。进度管理的主要工作包括作业分配、进度控制、偏离校正等。

对生产现场进行进度管理是通过生产管理板来实现的。生产管理板是以每条生产线的生产节拍为基准，将每班的生产任务分解到每小时的时间颗粒度，然后班组长每小时对生产任务的完成情况进行确认，并将确认的结果更新在生产管理板上，对没有完成生产任务的原因进行分析和简要记录，及时采取措施解决相应的困难和问题，以保证后续各个时段的生产能够正常进行，并想办法将这一时段损失的产量弥补回来。图 5-1 所示是生产管理板示例。

月 日				瓶颈工序节拍	设备编号		节拍= $\frac{460分（定时）}{必要数}$
必要数	实行节拍			**生产管理板**			
台/班	节拍= $\frac{460分（定时）+延时}{必要数}$			秒/台			
时间	生产计划		实 际 生 产（台）				
白班			白 班		黄 班		
夜班	每小时/累计	每小时/累计	停止时间/累计	生产线停止状况	每小时/累计	停止时间/累计	生产线停止状况
8: 00-9: 00							
21: 00-22: 00							
9: 00-10: 00							
22: 00-23: 00							
10: 10-11: 00							
23: 10-00: 00							
11: 00-12: 00							
00: 00-01: 00							
12: 40-13: 40							
01: 40-02: 40							
13: 40-14: 40							
02: 40-03: 40							
14: 40-15: 40							
03: 40-04: 40							
15: 40-16: 40							
04: 40-05: 40							
16: 50-17: 50							
05: 50-06: 50							
17: 50-18: 50							
06: 50-07: 50							

图 5-1　生产管理板示例

随着信息化技术的进步，生产现场的生产管理板的功能有了很大的提升。如今，电子化的生产管理板已经能够实现按照每个生产节拍的时间颗粒度进行过程管控了。在生产现场采用条码扫描技术，只要对产品的上生产线和下生产线进行扫描，就可以随时掌握生产线的生产进度，及时、准确地收集、传递和管理生产线信息。图 5-2 所示为电子化生产管理板示例。

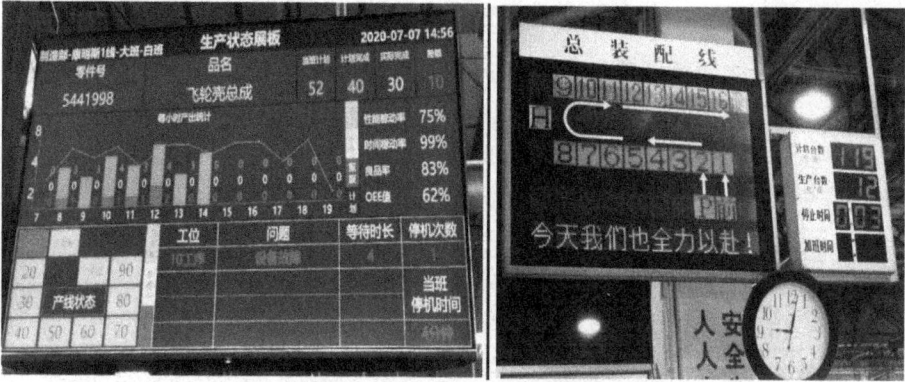

图 5-2 电子化生产管理板示例

（2）**实物管理**。实物管理就是对原材料、在制品和成品在任意时间点的位置和数量进行管理，即管理车间在制品、库存在制品的流转和统计工作。在实物管理中，做好在制品管理与搬运管理是实现生产有效控制的重要环节。在制品管理工作的主要任务是，在整个生产过程中，实现均衡和配套生产所必需的在制品数量，严格控制在制品的储备量和在各生产环节之间的流转状态，以缩短生产提前期，加速流动资金的周转。生产现场的实物管理示例如图 5-3 所示。

图 5-3 生产现场的实物管理示例

（3）**余力管理**。余力管理是指在一个柔性生产计划管理周期内，基于生产能力与负荷之间的关系所做的生产负荷管理工作。如果负荷不满，意味着企业可以接更多的订单来生产，需要销售部门继续努力；如果已经满负荷，或者已经超负荷，就要考虑通过作业分配和再调整来确保准时交付和劳动负荷的平衡，使生产效率最大化。图 5-4 所示为生产负荷管理示例。

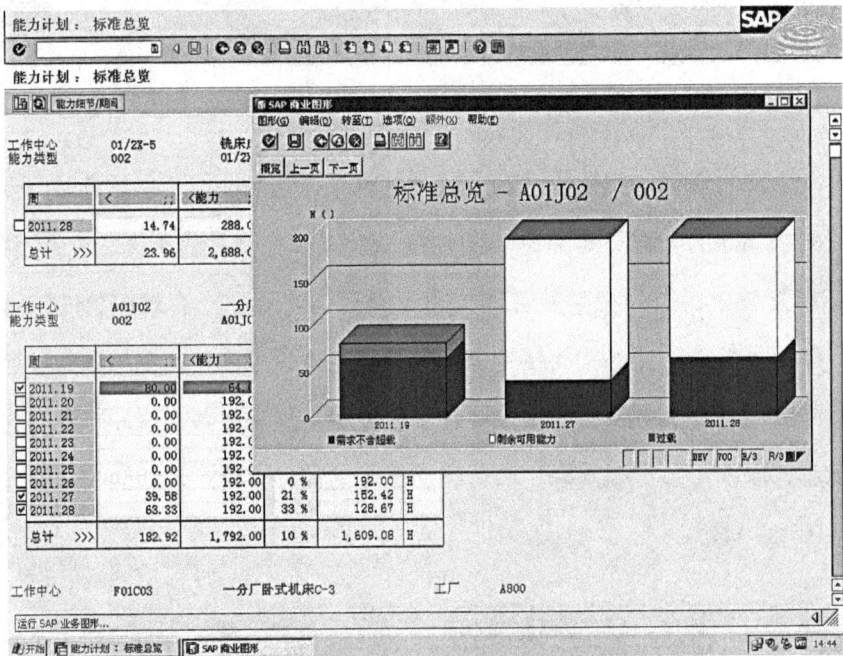

图 5-4　生产负荷管理示例

进度管理、实物管理和余力管理都属于信息管理范畴，信息流控制着物流和资金的流动。做好柔性生产计划执行管控的相关工作，可以保证企业生产经营活动的正常进行。

5.2　柔性生产计划执行管控方法

柔性生产计划执行管控要对生产过程的相关数据进行收集和分析，然后对生产制造资源进行相应的组织和调度，以达成准时交付和资源应用效率最大化的目标。具体管控方法如下。

5.2.1　生产进度分析

生产进度分析在生产班组、生产车间等层级上分别进行，是按照从生产班组，再到各生产车间，最终汇总到整个公司，对柔性生产计划的执行情况进行对比和分析。按照时间颗粒度的粗细可划分为班次别生产进度的收集和分析与月别生产进度的收集和分析两大类。

（1）**班次别生产进度的收集和分析**。由生产现场班组长负责，在每个生产班次结束后，对当班生产计划的完成情况进行确认、统计和分析，主要体现在生产班次、作业时间、出勤人数、计划生产的品种和数量、实际完成的生产数量、异常的损失时间，主要分析的内容包括生产数量达成率、生产品种达成率，以及各种异常发生的原因。班组长完成统计并确认后，将相关情况上报生产车间和生产管理部门。表 5-1 所示为某有限公司班次别生产日报表示例。

（2）**月别生产进度的收集和分析**。在每个生产班次的生产日报表全部统一上报生产车间和生产管理部门后，生产管理人员要将各生产车间、各生产班组报告的数据进行归纳和总结，对月别生产进度情况进行分析。通过分析，了解各个产品的生产进展情况是按照计划正常进行，还是已经发生了差异，差异有多大，是否会影响产品的准时交付，如果有影响，怎样调整来弥

表 5-1　某有限公司班次别生产日报表示例

日期		班组		班次		数量完成率： （实际数量÷计划数量）×100% 品种达成率： （实际完成的品种数÷计划完成的品种数）×100%
开线时间		停线时间		实际人数		备注说明
序号	计划生产品种		计划数量	实际数量	问题类型	
1						
2						
3						
4						
5						
6						
7						
8						

注：1. 各生产线以当天实际入库为准填写报表，填写人为各生产线班长。填写后交给车间主任，上报生产管理部门。

2. 对于问题类型，填写问题代码：A 代表动力事故；B 代表设备故障；C 代表部件缺少；D 代表部件品质；E 代表人员缺勤；F 代表上道工序品质的影响；G 代表设计异常；H 代表订单更改；I 代表其他。

补这些损失，以及需要哪些部门进行哪些业务调整和协同。表 5-2 所示为月别生产进度分析表示例。

如果是项目式定制生产，一般采用甘特图的方式进行计划，并将其与实际工作的进展情况进行对比分析。表 5-3 所示为项目式生产进度分析表示例。

5.2.2　生产日程分析

生产日程分析是对生产提前期的分析。通过检查各生产环节进度计划的完成情况来进行有效的过程管控；通过对生产过程中的等待、搬运等情况进行判别，帮助企业有针对性地进行改进，缩短生产提前期，减少在制品数量；通过对生产过程中各部门之间的业务配合和衔接的提前期进行识别，帮助企业发现业务协同中的改善点，提高企业运营和管控能力。图 5-5 所示是生产提前期分析示例。

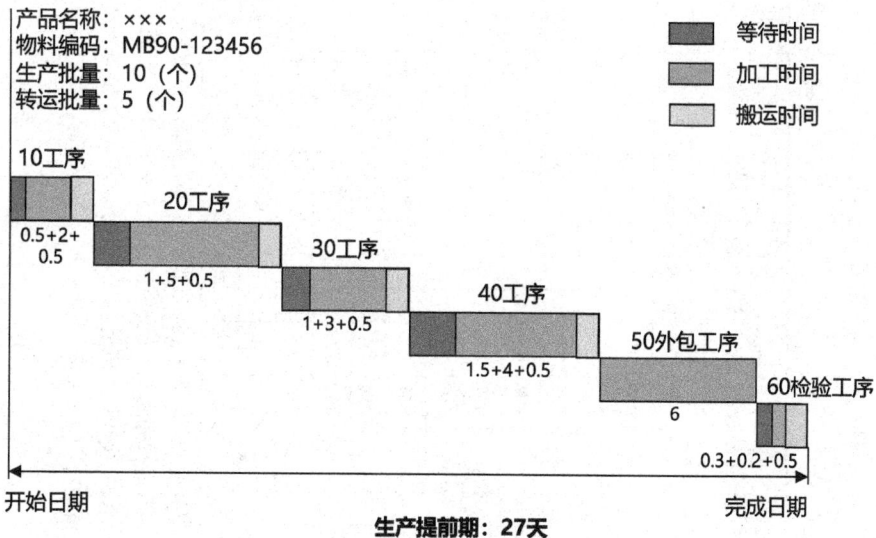

图 5-5　生产提前期分析示例

表 5-2　月别生产进度分析表示例

产品	序号	机种	计划/实绩	29日	30日	31日	1日	2日	3日	4日	5日	6日	7日	8日	9日	10日	11日	12日	13日	14日	15日	16日	17日	18日	19日	20日	21日	22日	23日	24日	25日	26日	27日	28日
×××系列	1	×××	计划	50	200	200	200	150				100				150	200	200	200	50														
			实绩	80	200	200	200	120				100				150	200	200	200	50													150	150
	2	×××	计划							200																								
			实绩							200																								
	3	×××	计划					50		200	200																				100	100		
			实绩					90		200	190																				100	100		
	4	×××	计划														100							50	50									
			实绩															100						50	50									
×××系列	5	×××	计划				80	170			40	110			200		350	200	400	300	250			50	50	100	80	80						
			实绩	95			40	170			40	110			200					50	50			50	50	100	80	80						
	6	×××	计划		55		40	30		210	60							200	200	200	200				100		180							
			实绩		55		40			160	140														100									
合计			计划	345	255	200	280	400	0	410	300	260	0	0	200	0	350	400	400	300	250	0	0	50	50	100	180	80	0	0	0	0	0	0
			实绩	375	255	240	380	330	0	400	330	260	0	0	0	0	100	0	0	0	0	0	0	50	50	100	0	80	0	0	150	150	150	150

注：当日计划完成率＝（实绩数量÷计划数量）×100%

当日品种完成率＝（实绩机种数量÷计划机种数量）×100%

不能完成计划的原因：（1）动力事故；（2）设备故障；（3）缺少部品；（4）部品品质；（5）流量不足；（6）流量调节；（7）人员缺勤；（8）人员不匹配；（9）设计异常；（10）上道工序品质的影响；（11）订单变更；（12）计划调整；（13）其他。

表 5-3　项目式生产进度分析表示例

日期		1日	2日	3日	4日	5日	6日	7日	8日	9日	10日	11日	12日	13日	14日	15日	16日	17日	18日	19日	20日	21日	22日	23日	24日	25日	26日	27日	28日	29日	30日	31日
×××项目	部件 1 计划																															
	部件 1 实绩																															
	部件 2 计划																															
	部件 2 实绩																															
	部件 3 计划																															
	部件 3 实绩																															
	部件 4 计划																															
	部件 4 实绩																															
	总装配 计划																															
	总装配 实绩																															
×××项目	部件 1 计划																															
	部件 1 实绩																															
	部件 2 计划																															
	部件 2 实绩																															
	部件 3 计划																															
	部件 3 实绩																															
	部件 4 计划																															
	部件 4 实绩																															
	总装配 计划																															
	总装配 实绩																															

（续表）

日期			1日	2日	3日	4日	5日	6日	7日	8日	9日	10日	11日	12日	13日	14日	15日	16日	17日	18日	19日	20日	21日	22日	23日	24日	25日	26日	27日	28日	29日	30日	31日
×××项目	主机	计划																															
		实绩																															
	料罐	计划																															
		实绩																															
	电柜	计划																															
		实绩																															
	液压站	计划																															
		实绩																															
	SD板	计划																															
		实绩																															
×××项目	主机	计划																															
		实绩																															
	料罐	计划																															
		实绩																															
	电柜	计划																															
		实绩																															
	液压站	计划																															
		实绩																															
	SD板	计划																															
		实绩																															
×××项目	主机	计划																															
		实绩																															
	料罐	计划																															
		实绩																															

（续表）

项目		日期	1日	2日	3日	4日	5日	6日	7日	8日	9日	10日	11日	12日	13日	14日	15日	16日	17日	18日	19日	20日	21日	22日	23日	24日	25日	26日	27日	28日	29日	30日	31日
×××项目	电柜	计划																															
		实绩																															
	液压站	计划																															
		实绩																															
	SD 板	计划																															
		实绩																															
非标设备项目	×××	计划																															
		实绩																															
	×××	计划																															
		实绩																															
	×××	计划																															
		实绩																															
	×××	计划																															
		实绩																															
	×××	计划																															
		实绩																															
	×××	计划																															
		实绩																															
	×××	计划																															
		实绩																															

注：由工段长在班后填写上一天的完成情况。

企业的生产管理部门对生产提前期的管理和分析也是重要的工作内容之一，在做每月的生产日报总结时必须进行归纳、总结、分析和呈现。图 5-6 所示为月别生产提前期分析报告示例。

产品编号	2003年实绩												2004年实绩	
	1月	2月	3月	4月	5月	6月	7月	8月	9月	10月	11月	12月	1月	2月
1005	5.2	5.9	6.7	5.4	6.2	7.0	7.3	9.7	7.1	6.3	6.5	5.5	5.5	6.1
1608	4.7	6.2	6.0	5.9	5.3	5.9	8.1	7.5	4.1	3.9	4.0	4.8	4.0	4.3
2012	4.3	7.7	6.9	6.1	5.5	6.5	6.7	4.2	4.0	4.2	3.7	4.6	4.6	4.4
3216	4.3	6.0	6.2	6.0	6.0	7.0	7.6	7.6	4.4	4.0	4.0	4.6	4.7	4.2

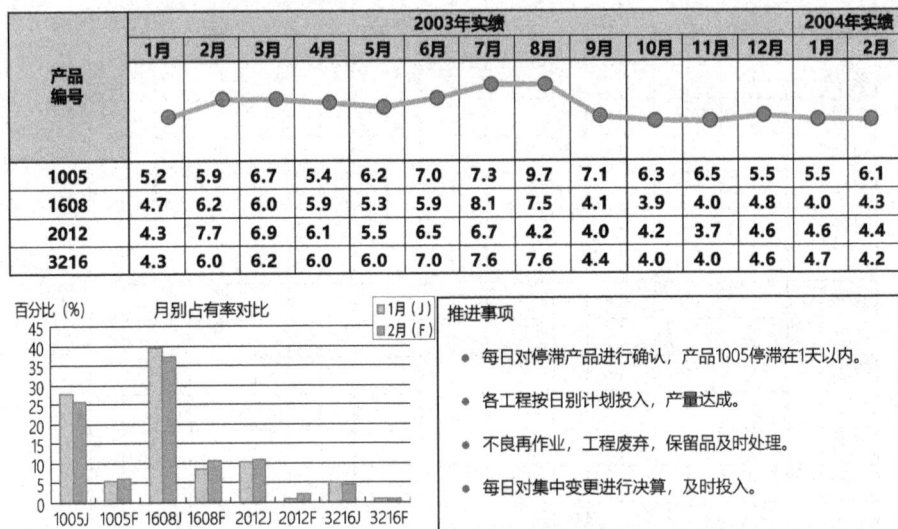

图 5-6　月别生产提前期分析报告示例

因为客户需求、产品规格、工艺规划、物料供应、生产作业等方面的不确定性较多，相应的各种变化对生产日程的影响更加明显，所以要更加重视项目式生产对各种提前期的管理。表 5-4 所示为项目式生产日程分析表示例。

5.2.3　在制品使用分析

"利特尔法则"告诉我们，占用生产提前期的大部分时间就是在制品的排队和等待时间，控制在制品的流转速度，在一定时间和一定条件下保持必

表 5-4　项目式生产日程分析表示例

产品型号	合计提前期			设计提前期		工艺提前期		制造提前期		产品检验提前期		超标准天数原因分析			
	含长周期物料累计提前期（天）	标准天数（天）	实际天数（天）	标准天数（天）	实际天数（天）	标准天数（天）	实际天数（天）	标准天数（天）	实际天数（天）	标准天数（天）	实际天数（天）	设计提前期（天）	工艺提前期（天）	制造提前期（天）	产品检验提前期（天）
×××	60	50	126	14	51	3	12	32	63	1	1		4	72	
×××	60	50	124	14	51	3	10	32	63	1	1		3	67	
×××	60	58	117	16	51	3	19	38	47	1	1		6.875	57	
×××	60	50	115	14	51	3	18	32	46	1	1		3.75	54	
×××	60	46	121	12	51	3	12	30	58	1	1		5	66	
×××	42	36	79	5	24	5	7	25	48	1	1		4.375	39	
×××	42	36	79	5	24	5	7	25	48	1	1		4.375	34	
×××	60	46	136	12	61	3	15	30	60	1	1		2.5	75	
×××	60	46	127	12	61	3	17	30	49	1	1		3.5	66	
×××	60	46	126	12	60	3	22	30	44	1	1		4.375	57	
×××	60	46	134	12	60	3	25	30	49	1	1		4.5	67	
×××	60	58	50	16	22	3	2	38	20	1	1		—	—	

要的在制品占用量，以便充分地释放和应用产能，都是在柔性生产计划管控中对在制品进行分析的重点工作。

在对在制品的使用进行分析时，需要具备即时获得现场在制品数量和金额的能力，以及 3 个月没有移动过的在制品所形成的呆滞库存数据。这种数据获得和分析能力靠生产现场的人工收集和分析处理一般是无法实现的，通常需要通过应用企业资源计划（Enterprise Resource Planning，ERP）或者制造执行系统（Manufacturing Execution System，MES）才能实现。图 5-7 所示为在制品使用分析报表示例。

工厂	库存地点	物料号	物料描述	评估类型	正常库存数	冻结库存数	3-6个月呆滞库存	7-12个月呆滞库存	大于12个月呆滞库存	库存总价值
2011	1004	800345415	101.2027.3b XC545后轴轮毂	3004	4.000				4.000	109,904.40
2011	1004	800345414	101.2026.3b XC545前轴	3004	2.000				2.000	284,431.48
2011	1004	803070612	301RC013322 多路阀 进口	3004	1.000				1.000	34,558.50
2011	1004	800345715	CX-45-VFA-435-150-1-50SI-11061 联轴器	3004	2.000				2.000	22,051.28
2011	1004	803069434	液压马达	3004	4.000				4.000	99,145.28
2011	1004	803704127	K29657 电气报头	3004	14.000				14.000	1,064.00
2011	1004	803045157	HA10V0100DFLR/31R-V5C12K68 油泵 力士乐	3004	2.000				2.000	27,483.76
2011	1004	803201579	10102023 控制器接插接头	3004	2.000				2.000	381.18
2011	1004	803602631	K23436 传感器接头 进口	3004	8.000				8.000	640.00
2011	1004	803740454	WJ 控制器扩展模块 DM02(INTERCONTROL)	3005	4.000				4.000	16,547.00
2011	1004	803740443	DGR-I 控制器	3005	2.000				2.000	16,835.90
2011	1004	803740453	WJ 控制器 DCF-I(INTERCONTROL)	3005	4.000				4.000	33,504.28
2011	1004	819904305	6040-U094-1A 拉手 进口(德国)	3004	24.000				24.000	462.16
2011	1004	822100479	十八芯电缆 CF8.05.18(德国IGUS) 十八芯电缆	3003	139.000	1.000			140.000	13,076.00
2011	1004	819904347	铰链 1056-U11 进口	3004	8.000				8.000	459.12
2011	1004	819904356	铰链 1056-U13 进口	3004	30.000				30.000	1,405.20
2011	1004	819904306	6040-U34-JB 拉手 进口(德国)	3004	16.000				16.000	1,137.76
2011	1004	801500788	把手钮 1000-U578/1000-17 进口	3004	6.000				6.000	533.34
2011	1004	803001553	821201010 节流阀 NG4(G1/8) 进口(德国REXROTH)	3004	16.000				16.000	3,063.20
2011	1004	800300980	700-1505(伊顿) 转向柱 进口	3004	17.000				17.000	2,833.39
2011	1004	800300951	CILFH 24 98ShA 联轴器 进口(美国)	3004	10.000				10.000	6,495.72
2011	1004	803109556	100SU075W/-B0.2 吸油滤油器 进口(德国HYDAC)	3004	6.000				6.000	1,386.00
2011	1004	803109587	V3.0817-06 滤芯 进口(德国ARGO)	3004	13.000				13.000	7,384.00
2011	1004	803001554	820005101 方向控制阀 NG4(G1/8) 进口	3004	8.000				8.000	3,398.32
2011	1004	803001555	820005201 方向控制阀 NG4(G1/8) 进口	3004	8.000				8.000	3,398.32
2011	1004	803602484	TS-24T1/10-G22 温控开关 进口	3004	1.000				1.000	510.73
2011	1004	803001830	LHT33P-11...平衡阀 进口	3004	1.000				1.000	1,432.48
2011	1004	803602536	BAF1-2RN18-LH 柔性杆开关 进口(美国HONEYWELL)	3004	6.000				6.000	9,231.00
2011	1004	801500770	V20-ZP+2P 控制手柄(带放大板) 进口(德国HAWE公司)	3004	3.000				3.000	5,787.00
2011	1004	803001692	53305531.DWG 支臂双联电磁阀 进口(美国)	3004	30.000				30.000	60,948.60
2011	1004	803001693	53305531.DWG 支臂双联电磁阀 进口(美国)	3004	63.000				63.000	127,992.06
2011	1004	801500759	V20-ZP+2P 控制手柄 进口(德国HAWE公司)	3004	19.000				19.000	40,071.00

图 5-7　在制品使用分析报表示例（a）

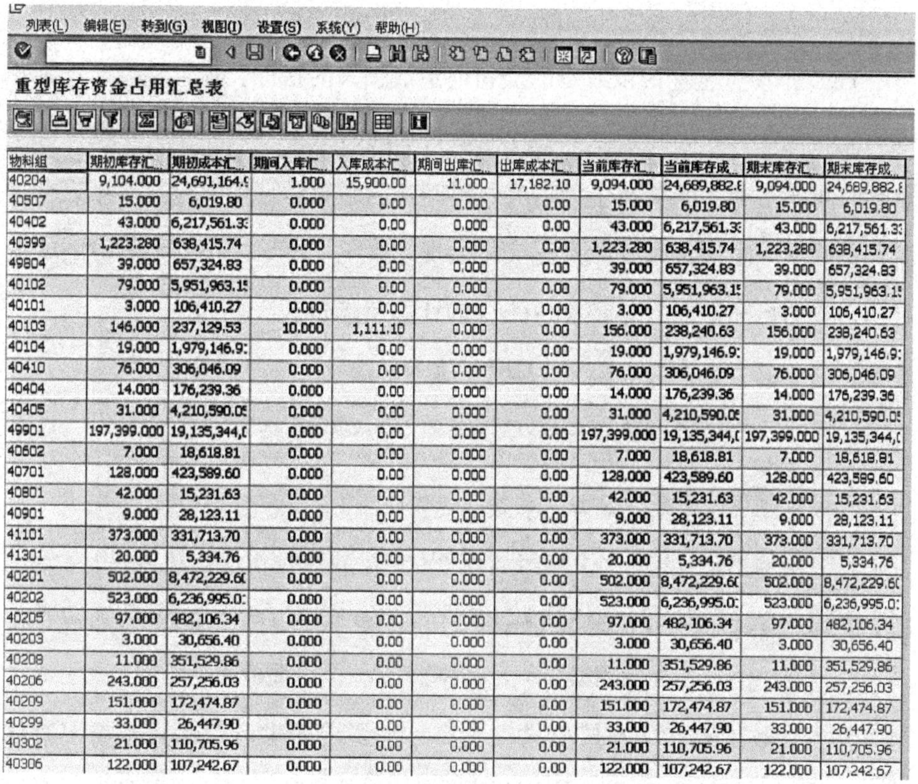

物料组	期初库存汇	期初成本汇	期间入库汇	入库成本汇	期间出库汇	出库成本汇	当前库存汇	当前库存成	期末库存汇	期末库存成
40204	9,104.000	24,691,164.9	1.000	15,900.00	11.000	17,182.10	9,094.000	24,689,882.8	9,094.000	24,689,882.8
40507	15.000	6,019.80	0.000	0.00	0.000	0.00	15.000	6,019.80	15.000	6,019.80
40402	43.000	6,217,561.33	0.000	0.00	0.000	0.00	43.000	6,217,561.33	43.000	6,217,561.33
40399	1,223.280	638,415.74	0.000	0.00	0.000	0.00	1,223.280	638,415.74	1,223.280	638,415.74
49804	39.000	657,324.83	0.000	0.00	0.000	0.00	39.000	657,324.83	39.000	657,324.83
40102	79.000	5,951,963.15	0.000	0.00	0.000	0.00	79.000	5,951,963.15	79.000	5,951,963.15
40101	3.000	106,410.27	0.000	0.00	0.000	0.00	3.000	106,410.27	3.000	106,410.27
40103	146.000	237,129.53	10.000	1,111.10	0.000	0.00	156.000	238,240.63	156.000	238,240.63
40104	19.000	1,979,146.9	0.000	0.00	0.000	0.00	19.000	1,979,146.9	19.000	1,979,146.9
40410	76.000	306,046.09	0.000	0.00	0.000	0.00	76.000	306,046.09	76.000	306,046.09
40404	14.000	176,239.36	0.000	0.00	0.000	0.00	14.000	176,239.36	14.000	176,239.36
40405	31.000	4,210,590.05	0.000	0.00	0.000	0.00	31.000	4,210,590.05	31.000	4,210,590.05
49901	197,399.000	19,135,344,(	0.000	0.00	0.000	0.00	197,399.000	19,135,344,(	197,399.000	19,135,344,(
40602	7.000	18,618.81	0.000	0.00	0.000	0.00	7.000	18,618.81	7.000	18,618.81
40701	128.000	423,589.60	0.000	0.00	0.000	0.00	128.000	423,589.60	128.000	423,589.60
40801	42.000	15,231.63	0.000	0.00	0.000	0.00	42.000	15,231.63	42.000	15,231.63
40901	9.000	28,123.11	0.000	0.00	0.000	0.00	9.000	28,123.11	9.000	28,123.11
41101	373.000	331,713.70	0.000	0.00	0.000	0.00	373.000	331,713.70	373.000	331,713.70
41301	20.000	5,334.76	0.000	0.00	0.000	0.00	20.000	5,334.76	20.000	5,334.76
40201	502.000	8,472,229.6(	0.000	0.00	0.000	0.00	502.000	8,472,229.6(	502.000	8,472,229.6(
40202	523.000	6,236,995.0	0.000	0.00	0.000	0.00	523.000	6,236,995.0	523.000	6,236,995.0
40205	97.000	482,106.34	0.000	0.00	0.000	0.00	97.000	482,106.34	97.000	482,106.34
40203	3.000	30,656.40	0.000	0.00	0.000	0.00	3.000	30,656.40	3.000	30,656.40
40208	11.000	351,529.86	0.000	0.00	0.000	0.00	11.000	351,529.86	11.000	351,529.86
40206	243.000	257,256.03	0.000	0.00	0.000	0.00	243.000	257,256.03	243.000	257,256.03
40209	151.000	172,474.87	0.000	0.00	0.000	0.00	151.000	172,474.87	151.000	172,474.87
40299	33.000	26,447.90	0.000	0.00	0.000	0.00	33.000	26,447.90	33.000	26,447.90
40302	21.000	110,705.96	0.000	0.00	0.000	0.00	21.000	110,705.96	21.000	110,705.96
40306	122.000	107,242.67	0.000	0.00	0.000	0.00	122.000	107,242.67	122.000	107,242.67

图 5-7　在制品使用分析报表示例（b）

5.3　柔性生产计划管理的关键绩效指标（KPI）

柔性生产计划管理既要抓过程管控，确保好的结果；又要通过结果来判断过程管控是否有效。这些工作都是需要用定量的数据来进行判断和管理的。柔性生产计划管理的 KPI 如下。

（1）延迟交付表现（Throughput Dollar Days，TDD）

TDD 是衡量企业因没有准时交付而造成损失的指标，是柔性生产计划管理关注企业经营，关注企业在客户端最终表现的重要的 KPI。TDD 既考虑了延迟订单销售额，又关注了延迟交付时间，采用延迟订单销售额和延迟交付时间的乘积来全面衡量企业延迟交付表现，避免了订单大小及延迟时间的差异所造成的目标管理上的偏差。TDD 的计算公式如下：

$$TDD = \Sigma S \times D$$

（注：S 代表延迟订单销售额，D 代表延迟天数。）

（2）计划遵守表现（Build To Schedule，BTS）

BTS 是衡量企业生产计划遵守表现的指标，是柔性生产计划管理关注生产运营管控，合理、高效地组织和调动生产资源的 KPI。BTS 的计算公式如下：

BTS= 数量遵守率 × 品种遵守率 × 顺序遵守率

其中，数量遵守率是按照柔性生产计划要求的生产数量完成情况的比率，品种遵守率是按照柔性生产计划要求的产品品种完成情况的比率，顺序遵守率是按照柔性生产计划要求的生产顺序执行情况的比率。

（3）库存滞留表现（Inventory Dollar Days，IDD）

IDD 是衡量企业库存在供应链中的周转状态的指标，本质上是衡量物料流动效率的 KPI，也是柔性生产计划管理综合效率的最终体现。IDD 既关注库存金额，也关注库存的滞留时间状态，特别关注 3 个月以上的长期库存和滞留库存的管理。IDD 的计算公式如下：

$$IDD = \Sigma I \times D$$

（注：I 代表库存金额，D 代表滞留天数。）

（4）设备综合效率（Overall Equipment Effectiveness，OEE）

现代生产对产品的功能、性能的要求越来越高，对产品加工精度的要求也越来越高，生产设备也越来越趋向专业化，设备投资金额也越来越高。按照柔性生产计划的安排，如果要高效使用和管理设备，保质保量地准时交付，同时提高设备的生产效率，那么在管理中需要采用的 KPI 就是 OEE。OEE 的计算公式如下：

$$OEE = 时间稼动率 \times 性能稼动率 \times 良品率$$

其中，时间稼动率体现了有效工作时间内设备的实际生产工时情况，性能稼动率体现了按照标准工时核算的理论生产量和实际生产量之间的关系，良品率体现了生产线制造过程中合格品和总投入数量之间的关系。

以上柔性生产计划管理的 KPI 涵盖了客户表现、运营表现、物流表现和设备运营表现等多个绩效管理指标，不仅覆盖了人、机、料、法、环、测等生产制造资源的高效管控，还增加了对时间要素的管理，体现出了对最新管理理念、工具和技法的应用，是高效、先进的定量性质的 KPI 管理体系。

第 6 章

柔性生产计划管理与
管理信息系统的协同应用

　　柔性生产计划的制订、执行和管控依靠的是流程、机制和规则，主体呈现方式是业务流程、管理框架、运营模式、计算模型，以及相应的数据收集、归纳、分类、计算、模拟验证并形成生产排程，这个过程不可避免地会受到各种管理信息系统的支撑和运用。本章从管理信息系统的应用和协同角度介绍柔性生产计划的应用和管理之道。

6.1　客户关系管理系统与柔性生产计划管理的协同应用

　　客户关系管理（Customer Relationship Management，CRM）的概念最早由美国的 Gartner Group 咨询公司提出，是 20 世纪 90 年代后伴随着供应链管理的重要性和迫切性需求，以及互联网和电子商务的迅速发展而产生的。CRM 系统是先进的经营管理思想和现代化信息技术的结合体，它强调"以客户为中心"的经营管理理念，以信息技术为手段，通过管理客户数据，对客户进行分类管理，并有针对性地高效组织企业资源，来提高客户交付价值和客户满意度。通过与客户建立长期、稳定、互信的密切关系，来构建企业对供应链管理的协同能力，提高企业在整个供应链上的竞争力，实现企业的可持续发展。

　　CRM 系统的主要管理功能如下。

- 客户关系管理方面：客户信息管理、渠道信息管理、竞争对手管理等。
- 销售机会管理方面：潜在客户池、客户拜访管理、销售漏斗管理、报价管理、签约过程管理等。

- 销售业务管理方面：合同管理、项目管理、收款计划管理、付款计划管理、活动管理、任务管理、费用管理、需求管理和销售预测管理等。

- 销售商品管理方面：库存管理、发货管理、商品调拨与退换货管理。

- 销售信息协同方面：数据自动导入功能、信息短信群发、信息传真群发、信息邮件群发、新闻公告滚动发布等。

CRM 系统还能提供各种数据分析功能，主要包括以下几个方面。

- 客户信息分析：客户的管理层级分析、风险控制等级分析、爱好分析、习惯分析等。

- 客户忠诚度分析：客户的商誉分析，与客户合作的年限、规模、变动情况分析等。

- 成单率分析：新老客户的成交分析、销售漏斗分析、丢单分析、流失分析等。

- 客户需求分析：市场趋势分析、订单分析、签单分析、促销管理分析、销售预测分析等。

- 销售数据分析：月别销售数据分析，历年销售增长趋势分析，按市场区域、省份、城市进行的销售分析，按客户类型、客户等级、客户行业进行的销售分析，按产品品牌、种类、规格型号等进行的销售分析、产品的价量变化分析、畅销与滞销分析等。

- 收付款数据分析：年度、月别收付款记录及统计报表分析，分支机构及销售代表的收款统计分析，逾期未收账款（30 天 / 60 天 / 90 天 / 180 天及以上）统计分析等。

- 库存数据分析：库存天数分析、入出库与调拨分析等。

- 销售费用分析：对销售费用、管理费用、员工薪资等费用就时间、费用分类、组织机构等进行归纳、总结和分析。

CRM 系统与柔性生产计划管理协同应用主要围绕以下几个方面进行。

- CRM 系统是 ERP 系统中营销管理模块在客户端应用的延伸，关注"以客户为中心"的业务协同，持续在产销业务协同上发挥效力。CRM 系统的业务应用依靠销售部门的日常业务管理及各种业务信息和管理数据的人工录入。如果没有建立系统、规范的业务信息和管理数据的录入基准，CRM 系统的业务应用就会流于形式，系统业务管理也会形同虚设。而且，如果没有及时、准确地录入业务信息和数据，就不能正常应用各种分析、报表的功能，也不能应用 CRM 系统帮助企业做出判断和决策。所以，一定要做好 CRM 系统中业务信息、数据的及时、准确的录入和处理工作。

- CRM 系统与柔性生产计划管理的协同应用基于 S&OP 管理的典型流程，将无法在 ERP 系统中展开应用的销售需求管理和 ATP 应用等在 CRM 系统中进行有效的应用和管控，做好销售输入端对"牛鞭效应"和波动的管理。

- 要灵活运用 CRM 系统的库存信息和分析功能，将销售的畅销和滞销信息及时反馈给相关的渠道和经销商，帮助它们优化和调整销售策略，从而更好地提高销售业绩。

- 要灵活运用 CRM 系统的库存信息和分析功能，及时、灵活地调拨供应链上的库存，以便及时满足不同的销售需求，减少缺货损失，加快供应链中的库存周转和流动。

- 要通过 CRM 系统的业务应用管理，紧抓 3 个月的市场预测信息的定期输入和即时更新管理，加强和生产计划管理部门产销信息的协同管理工作，为更加合理地制订平准化的 MPS 而努力。

CRM 系统作为 ERP 系统营销管理模块在企业销售端的外延应用，强调日常业务在 CRM 系统的标准化处理和应用管理，在柔性生产计划管理强调的产销业务协同上发挥着不可估量的巨大作用。

6.2　SRM 系统与柔性生产计划管理的协同应用

供应商关系管理（Supplier Relationship Management，SRM）系统是一种借助信息化技术来改善与供应链上游供应商的合作关系，与供应商建立和维持长久、紧密伙伴关系的管理思想和解决方案，旨在建立企业与供应商之间就物料采购业务的新型业务协同管理机制。通过与供应商建立长期、紧密的业务关系，并通过对双方资源和竞争优势的整合与优化，共同开拓市场、扩大市场份额、降低运营成本，实现供应链协同共赢的企业管理模式。

SRM 系统的主要用途如下：

- 规范采购流程；
- 促进阳光合规性采购；
- 提升采购效率；
- 降低采购成本；
- 缩短采购提前期；
- 转换采购价值；

- 加强集团化管控；

- 实现集约化采购；

- 打通采购业务中的物流、信息流和资金流。

SRM 系统的主要功能模块如下：

- 战略性采购管理；

- 操作性采购管理；

- 供应商管理；

- 供应商战略协同管理。

战略性采购管理主要围绕以下工作内容进行。

- 差异化采购战略和策略的制定。

- 供应商的分类管理。

- 通过选择、评价、谈判、维护和优化来发展和整合供应商队伍。

- 控制、管理、优化和降低供应商的数量。

- 采购业务流程的规范化执行和管理。

- 采购合同的谈判、分发、执行、监控及文档、目录管理等。

- 采购费用分析和管理。

- 在线竞价、招投标管理。

操作性采购管理主要围绕以下工作内容进行。

- 自助式采购：采购人员使用符合企业政策的基于 Web 的工具采购物料。

- 服务性采购：针对咨询和合同工人等特殊性的采购业务，降低与多种服务采购相关的管理和处理成本。

- 生产计划驱动的采购：通过将采购业务与供应商管理信息系统相集成，实现核心业务流程中所用的物料采购自动化。
- 采购需求预测信息的传送。
- 每周物料调达、跟催等信息的传送。

供应商管理主要围绕以下工作内容进行。

- 定期的供应商分类管理。
- 定期的针对供应商的质量、交付、成本和服务等方面的绩效评价管理。
- 定期的供应商评级管理等。

供应商战略协同管理主要围绕以下工作内容进行。

- 供应商协同门户应用：供应商可直接打印物料条码标签，企业用户通过移动设备扫描物料条码标签进行收货，所有凭证将在企业 ERP 系统中得到实时的创建与反馈。
- 采购计划协同：供应商协同门户支持中长期采购计划，通过运行 MRP 导入 SRM 系统，自动生成采购的周别、月别、日别预测计划，指导供应商进行生产备货。
- 发货计划协同：允许供应商接入内部订单管理系统，通过系统导入发货计划，基于采购单生成送货单据并提交给客户确认。
- 产能和库存信息协同：允许采购人员接入供应商的管理信息系统，了解相关工作的进展情况。
- 账务协同：供应商可通过供应商协同门户按结算周期查看寄售库存的收、

发、存信息；也可通过门户按结算周期生成采购结算核对报表，在核对无误后按未结算金额开具发票；企业财务人员在收到发票后，核对供应商开票的单价、数量、金额是否正确，核对无误后可通过"发票校验"功能快速完成 ERP 系统中发票的匹配。

- 信息协同：使用基于 XML 的文档交换方法，可以与不同规模和能力的供应商保持高效的业务信息对接。
- 设计协同：通过允许不同交易合作伙伴的员工共享相关的产品开发和项目信息协同开发来缩短产品开发周期。

SRM 系统可以提供的分析功能如下：

- 物料寻源分析；
- 采购合规性分析；
- 采购定价分析；
- 采购费用分析；
- 合同管理分析；
- 供应商评估分析；
- 供应链库存分析；
- 应付款分析；
- 招投标分析等。

SRM 系统与柔性生产计划管理协同应用主要围绕以下几个方面进行。

- SRM 系统作为 ERP 系统中物料管理模块在供应端的外延应用中发挥作用，这个系统也是供应商业务协同标准化管理应用的载体，需要从系统的业务标准化操作和相关信息、数据的录入及处理上加强管理。

- SRM 系统的应用要结合 2.6 节 "供应商队伍建设和管理要点" 中的建议来推进，要重点关注供应商战略协同管理能力建设。

- SRM 系统的应用还要结合 4.2.5 小节 "柔性生产计划管理第五招：强化产供协同管理" 中供应商的生产和交付能力管理，以及月别采购计划和周别送货计划管理协同应用等。

SRM 系统作为 ERP 系统中物料管理模块在供应端的外延应用，强化采购日常业务在 SRM 系统的标准化管理和应用，在柔性生产计划管理强调的产供业务协同上发挥着巨大的作用。

6.3 ERP 系统与柔性生产计划管理的协同应用

ERP 是整合了现代企业管理理念、业务流程、信息与数据、人力与物力、计算机硬件和软件等于一体的企业资源管理信息系统，综合运用了分布式计算体系结构、服务器体系结构、面向对象技术、关系数据库、图形用户界面、第四代语言网络通信等当前最新的计算机技术，是制造型企业对资源进行有效计划管理的方法。它以 MRP 为核心，把企业内部的产、供、销、人、财、物等各个生产、经营环节组成一个有机运转的整体，对企业内外部的所有生产制造资源（如物料、设备、人力、资金、信息等）进行整体协同和优化管理，使企业有限的资源达到标准和高效运转，从而获得更大的经济效益。

1. ERP 系统形成和发展的历史

ERP 系统形成和发展的历史就是企业生产运营管理方式转变和提高的过程，涉及生产计划和运营管理的方方面面。回顾 ERP 系统的形成历程，可以更好地理解生产运营管理能力和管理信息系统进化之间相辅相成的关系。

- 20 世纪 40 年代初，经济学家们研究发现，库存物料随着时间的推移被使用和消耗，于是找到了库存变化和时间之间的关系，提出了物料的消耗、补充、库存和时间之间的联动模型，即订货点法。这就是最早的企业库存计划管理方法，如图 6-1 所示。

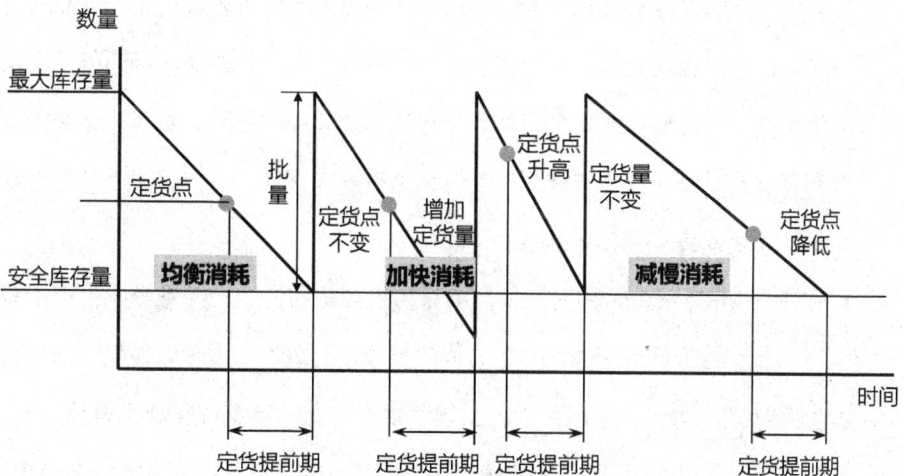

图 6-1 订货点法

- 20 世纪 60 年代中期，IBM 公司发现，按照物料的需求特点，可以将其划分为独立需求与相关需求，产品结构中物料的需求量是有相关性的，并在此基础上总结出了一套新的物料管理理论——MRP，在传统的库存计划管理基础上细化了时间段和反映产品结构的 BOM 的概念，实现了对物料的按时按量管理，形成了基本的 MRP 管理，进一步提升了物料计划管理的系统性和细致度。

- MRP 可以帮助企业系统地规划和制订物料计划，提高生产计划的管理水平，但是在实际生产运作过程中发现，对物料的采购和使用过程起决定性作用的资金所产生的影响不可小觑，故 1977 年 9 月，美国著名生产管理专家奥列弗·怀特（Oliver Wight）提出了一个新概念——制造资源计划（Manufacturing Resources Planning，MRPII）。MRPII 是对制造型企业资源进行有效计划的一整套方法。它是一个围绕企业基本经营目标，以生产计划为主线，应用管理会计知识，对企业制造的各种资源进行统一计划和控制，使企业实现物流、信息流和资金流"三流合一"的流动畅通的动态反馈系统。企业通过对资金运作和生产成本的掌控和分析，可以调整经营计划和生产计划，使生产计划的制订和运行更加可靠、可行，生产计划管理的功能因此更加全面、系统。

- 在应用 MRP 系统时我们发现，虽然物料准备到位了，但是影响生产的制造工艺、生产设备制造能力等方面的管理没有跟上，很多时候仍无法执行生产计划。同时，生产结果的反馈、生产计划的调整等管理也有所缺失，生产计划和组织运营还是暴露出很多问题。20 世纪 80 年代初，在 MRP 的基础上形成了闭环 MRP 的管理。闭环 MRP 应用了工厂日历和标准工时管理，对设备和生产线进行了 CRP 的规划和验证，在确保 MRP 物料供应的前提下，进行了 CRP 验证，使生产计划的制订更加科学、合理。同时，对在闭环 MRP 系统中的生产计划的执行结果进行了汇报，实现了物料和信息流的闭环反馈管理，使生产计划管理更加全面、科学。

- 随着社会的发展，企业的竞争逐步演变为整体实力的竞争，对企业管理的要求也从局部的制造资源扩展到了对企业整体资源进行管理的高度，加强企业的人力资源管理、质量管理、设备管理、物流管理、项目管理等越来越重要。同时，随着全球化的不断深入，对企业间的信息交流和共享的需求也越来越强烈。随着信息化技术的进步，1993 年，美国的 Gartner Group 咨询公司率先提出了 ERP 管理的概念。ERP 是建立在信息技术基础上，利用现代企业的先进管理思想，全面集成企业物流、信息流和资金流等所有资源信息，为企业提供决策、计划、控制与经营业绩评估的全方位和系统化的管理平台。ERP 能够显著改善企业业务流程，加强标准化管理，提高企业核心竞争力。

从 ERP 的形成历程可以看出生产计划管理的发展历程，即从订货点法到 MRP，再到 MRPII，然后完善成闭环的 MRP，最终发展到 ERP。生产计划管理已从单纯的物料管理发展到产能管理、资金管理、营销管理、设备管理、质量管理、物流管理、人力资源管理等企业资源管理的集成应用，使用和管理好 ERP 系统会对柔性生产计划的制订和运行发挥重要的辅助和支撑作用。

2. ERP 系统应用的层次

ERP 作为唯一可以整合物流、信息流和资金流的企业管理信息系统，它的应用对提高企业生产运营管理能力至关重要。企业需要明确在规划、实施、应用、管理和完善 ERP 系统上应该达到什么水平，实现什么目标。ERP 系统应用的层次如下：

- 使用 ERP 系统要消除信息孤岛，通过业务集成应用实现信息共享；

- 使用 ERP 系统固化业务流程的标准化应用和管理，将"人治"变为"法制"；

- 运用 MRP、CRP 等生产计划的自动规划、模拟验证和排程功能，提升企业运营管理能力；

- 运用企业经营策略的模拟验证和规划功能，帮助企业在经营决策上实现最优解；

- ERP 的运用层次和柔性生产计划的制订和管理息息相关，有效应用 ERP 系统功能对提升企业的生产运营管控能力非常重要。

3. ERP 系统在柔性生产计划的制订和管理中的集成应用

（1）ERP 系统的核心管理功能

ERP 系统的核心管理功能体现在用管理信息系统将核心业务进行系统集成，通过在 ERP 系统中处理业务工作来加强协同。ERP 系统集成了销售与分销、生产计划、物料管理、品质管理、工厂维护、物流管理、项目管理、人力资源管理、财务会计、管理会计、资产管理等核心业务模块，通过系统模块的业务集成应用实现物流、信息流和资金流的"三流合一"。而且，针对制造型企业的离散式规模制造和项目式生产模式的生产计划的制订和管理，均有清晰、明确的应用流程和管理方案，是柔性生产计划制订和管理的核心要素在管理信息系统中的体现。

（2）ERP 系统的业务集成与协同功能

- 柔性生产计划的产销协同业务优化工作可以通过 ERP 系统的销售与分销模块与生产计划模块的系统集成，将业务协同应用匹配起来。关于产销协同业务优化工作，可以参见 4.2.4 小节"柔性生产计划管理第四招：强化产销协同管理"中的介绍，相关业务的标准化管理和协同应用可以依托 ERP 的销售与分销模块、生产计划模块来进行，实现产销协同业务从"人治"（靠人管理）向"法制"（靠系统管控）的转变。

- 柔性生产计划的产供协同业务优化工作可以通过 ERP 系统的物料管理模块与生产计划模块的系统集成，将业务协同应用匹配起来。关于产供协同业务优化工作，可以参见 4.2.5 小节"柔性生产计划管理第五招：强化产供协同管理"中的介绍，相关业务的标准化管理和协同应用可以依托 ERP 的物料管理模块与生产计划模块来进行，实现产销协同业务从"人治"向"法制"的转变。

- 柔性生产计划的内部制程协同业务优化工作可以通过 ERP 系统的品质管理、工厂维护、人力资源管理等模块与生产计划模块的系统集成，将业务协同应用匹配起来。关于内部制程协同业务优化工作，可以参见 4.2.6 小节"柔性生产计划管理第六招：强化内部制程协同管理"中的介绍，相关业务的标准化管理和协同应用可以依托 ERP 的品质管理、工厂维护、人力资源管理等模块与生产计划模块来进行，加强生产现场的柔性生产计划的执行和管控能力。

（3）ERP 系统的 S&OP 管理协同

S&OP 管理是制造型企业加强计划管理的一套核心流程及与之相关联的业务管理机制，它被分为战略规划、战术展开和战术执行三个层面。柔性生产计划制订和管理的业务载体依托 S&OP 管理来进行，按照相应的标准和要求，使用 ERP 系统完成销售计划，完成 MPS、RCCP、MRP、CRP 管理的模拟验证，并自动生成采购计划。

首先，通过 ERP 的生产实绩的报工管理，可以对班次别的生产结果数据进行及时、准确的反馈管理。然后，通过使用 ERP 系统的报表管理功能，生产计划管理部、营销部和采购部等部门可以及时得到周别、月别等时间颗粒度的管理报告，该功能在 S&OP 战术执行的定期总结、汇报会议上发挥协同作用。

4.对影响 ERP 系统计划管理应用的几种错误说法的阐释

（1）ERP 是一个"推式计划"系统，不如"拉式计划"合理和先进

ERP 系统中生产计划管理是一个核心应用，现在很多企业的 ERP 系统中计划管理模块应用得并不好。"拉式计划"和"推式计划"的区别在于是按照订单制订计划、组织生产，还是根据预测制订计划、组织生产。如果按照订单制订计划、组织生产，那么在能够保质保量、准时交付的前提下，企业的资源应用效率较高；如果根据预测制订计划、组织生产，那么不一定能保质保量地准时交付，还会产生库存等成本，企业资源的使用效率会受到影响。

企业是根据预测制订"推式计划"，还是按照订单制订"拉式计划"，这与是否用 ERP 系统一点关系都没有，只和客户要求的交货提前期和企业的累计提前期有关。如果客户要求的交货提前期比企业的累计提前期长，就可以按照订单制订计划、组织生产，这种计划就是"拉式计划"；如果客户要求的交货提前期比企业的累计提前期短，就只能根据预测制订计划、组织生产，这种计划就是"推式计划"。订单和预测在 ERP 系统应用中都是按照独立需求的销售计划来处理的，ERP 系统计划流程后续的 MPS、RCPP、MRP 和 CRP 等模拟验证过程对订单和预测来说没有区别，ERP 计划的应用和管理不应该受"拉式计划"和"推式计划"不同说法的影响。

（2）ERP 系统计划管理的是"无限产能"

这是影响 ERP 系统计划管理应用的另一种较普遍的错误说法，导致人们认为 ERP 系统不能合理、正确地制订生产计划。回顾 ERP 的发展历史，20 世纪 60 年代中期就出现了 MRP，当时主要规划的是物料的供应情况，没有考虑产能的局限。20 世纪 80 年代初，考虑到了能力约束问题，从此形成了闭环 MRP，解决了无限产能的问题。1977 年出现了 MRPII 的概念，增加了资金运作管理内容。管理信息系统已经实现了生产运作管理和资金运作管理的协同。1993 年出现了 ERP 的概念，涵盖了企业所有资源的物流、信息流和资金流的协同与运作，实现了企业所有生产制造资源的集成和协同运作管理的功能。

从生产运作管理的角度来说，20 世纪 80 年代初的闭环 MRP 已经可以满足物料计划的管理需求，从系统功能上解决了无限产能对 ERP 系统进行计划管理的影响。企业的生产计划并不是某一计划功能模块可以完全覆盖的，而是要根据企业的制造特点，涵盖 SP、MPS、RCCP、MRP 和 CRP 等计划管理功能模块的系统集成应用，故"ERP 系统计划排产的是'无限产能'"是一种错误的说法，不要让它影响了 ERP 系统的计划功能的应用。

（3）因为生产提前期不准确，所以不能用 ERP 系统管理计划

生产提前期和现场的在制品管理直接相关，如果对生产现场的在制品的进出和放置没有管理标准，那么在制品的数量是波动和不确定的，生产提前期也是波动和不确定的，这种不确定性一定会影响生产计划的合理制订。其实，所有的计划制订方式都会受到影响，无论手动做计划，还是用 MES 或者 APS 系统做计划，如果生产提前期不准确，那么做出来的计划会不可靠，执

行上一定有问题。"因为生产提前期不准确，所以不能用 ERP 系统管理计划"完全是无稽之谈。要解决生产提前期不准确的问题，可以参见 3.4 节"柔性生产计划制订第三招：优化生产提前期管理"中介绍的方法，生产提前期是可以被缩短并确定下来的。ERP 系统的计划管理功能可以与柔性生产计划的制订和管理进行系统集成，协同应用也是完全可以实现的。

对以上几种影响 ERP 系统计划管理应用的错误说法的阐释，可以帮助企业了解 ERP 系统中的计划管理功能是可以正常应用的，特别是在 SP、MPS、RCCP、MRP 和 CRP 功能的集成模拟验证上，最终在采购计划和 PAC 的应用上发挥不可替代的作用，并且可以在与柔性生产计划的制订和管理协同上发挥巨大的作用。

6.4　MES 与柔性生产计划管理的协同应用

MES 是美国先进制造研究机构 AMR 公司在 1994 年 5 月提出的一个管理概念，MES 的含义为"位于上层的计划管理系统与底层的工业控制之间面向车间层的管理信息系统"。MES 可以帮助操作人员和管理人员对计划的执行进行跟踪，从而更好地把握人员、设备、物料、产品质量等当前的状态，目的是解决工厂生产过程中的黑匣子问题，实现生产过程的可视化、可控化。MES 还可以帮助企业提高生产计划管理、生产过程控制、产品质量管理、车间库存管理能力，加强企业生产制造现场的执行和管控能力。

MES 主要面向企业生产制造层，通过与现场控制系统的程控器、数据采集器、条形码、各种计量及检测仪器、机械手等进行数据的及时收集和准确传递，采集设备、仪表的状态数据，经过分析、计算与处理，将控制系统与信息系统联系在一起，并将生产状况及时反馈给计划层，实现对生产计划的下达和执行的高效监控。

1997 年，国际制造执行系统协会（Manufacturing Execution System Association，MESA）提出的 MES 功能组件和集成模型包括 11 个功能，同时规定只要产品具备这 11 个功能中的一个或多个功能，就属于 MES 系列的产品。MES 的 11 个功能如下：

- 数据采集；

- 产品跟踪；

- 详细工序作业计划；

- 生产调度；

- 制造资源分配与状态报告；

- 车间文档管理；

- 人力资源管理；

- 质量管理；

- 工艺过程管理；

- 设备维修管理；

- 业绩分析。

MES 从 20 世纪 90 年代开始发展和应用，前期主要在自动化程度较高的行业得到广泛应用，如钢铁、冶金、石化、电力等行业。当时 MES 的应用不单单是进行数据采集这么简单，它要根据生产过程中的实际需要进行工艺标准的控制、生产过程中工艺参数的控制与调整、生产设备的作业调整等操作。MES 的应用和企业的制造过程控制、工艺管理和产品质量管控等要求是深度绑定的。图 6-2 所示为 MES 在自动化程度较高的企业的应用示例。

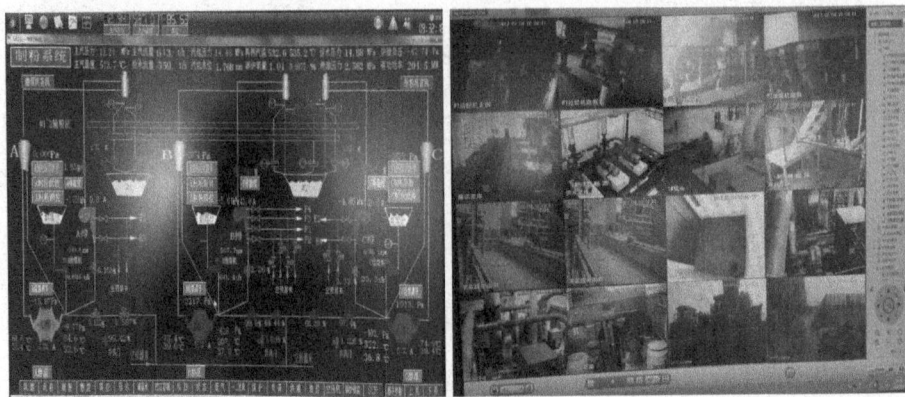

图 6-2　MES 在自动化程度较高的企业的应用示例

随着社会的发展及信息化技术的进步，现在 MES 的应用已经从自动化水平较高的企业扩展到了以离散制造为特点的制造型企业，MES 的应用也从深度绑定产品的制造过程，转变到帮助企业更加有效控制生产现场的在制品数量、缩短生产制造提前期、保证产品质量、提高设备利用率等。采用以下工具和方法，可以帮助企业提高现场管理能力，做好计划层和现场自动化系统之间的管控工作。

- 通过条形码技术跟踪产品从物料投入到成品完成、入库的整个生产流程，实时采集生产过程中发生的所有数据。改变原来每班生产结束后需要手动统计数据、手动录入系统的做法，从而避免人为录入差错，达到及时、准确、快速地进行数据收集和反馈的目的，让整个工厂车间的生产运转完全透明化。

- 大幅优化为进行数据收集、统计、形成报表和人工录入系统而占用的人力和工时，提高人员的工作效率。

- 通过应用条形码技术，提高生产现场在制品移动状态的识别，对物料的进出和放置状态进行全流程、全方位的跟踪，提高生产现场在制品状态的及时识别和管控。

- 通过与生产现场自动化的在线检测设备和仪器的数据联网，对产品整个生产过程中的质量检测情况进行实时监测，使产品制造过程中的质量状况变得清晰、透明，实现产品质量制造全流程的追溯管理，降低产品的质量成本。

- 通过与在生产现场采用计算机辅助制造（Computer Aided Manufacturing，CAM）技术的自动化设备进行信息联网，对生产过程中设备的加工状态、性能状态、使用状态、故障和异常等进行数据收集，以便将来采用大数据技术进行分析，获得设备使用、产品质量和性能、生产效率之间高性价比的应用方案。

- 实时监控并记录生产工序和设备的生产任务完成情况，对生产线操作人员的工作效率情况、设备利用情况、产品合格率和废品率等进行管控。通过 MES 综合统计信息查询功能，提供生产现场管理所需的各种 KPI 数据及报表，及时发现执行过程中的各种问题并采取措施进行有针对性的改进。

通过 MES 制订并执行详细工序作业计划是不太现实的，原因如下。

- 制订合理且可执行的详细的工序作业计划需要经过 MPS、RCCP、MRP、CRP 的模拟验证过程，只有每个步骤都符合要求，才能制订出合理且可执行的详细的工序作业计划。而 MES 并不具备这种模拟验证的流程和功能，所以制订出的工序作业计划的执行效果会大打折扣。

- 如果企业已经在应用 ERP 系统，在 MES 系统中再建立 MPS、RCCP、MRP、CRP 的模拟验证功能属于重复投资，成本将会很高。

- 虽然企业没有应用 ERP 系统，在 MES 中建立了 MPS、RCCP、MRP 和 CRP 的模拟验证功能，可以制订出详细的工序作业计划，但是 MES 系统无法实现营销、采购、生产、财务等核心业务的集成应用，将来还是要实施和应用 ERP 系统，从而会产生被动的系统功能的重复投资，增加企业的成本。

- 即便在 MES 中建立了 MPS、RCCP、MRP、CRP 的模拟验证功能，将来也可以将相关的管理数据从 MES 上传到 ERP 系统中，将数据链补全，但是这样做会对 ERP 系统销售和生产模块的集成应用，以及采购和生产模块的集成，还有产供销业务执行背后的成本信息的集成产生影响，间接造成 ERP 系统应用中的信息孤岛效应，从而影响 ERP 系统的整体应用水平。

- 如果企业的柔性生产制造能力不足，诸如生产线的柔性不足，作业岗位的灵活性不够，选择的设备不能适应客户的多品种、小批量的要求，生产线或者设备的换产时间较长，供应商的物料供应能力较差，生产现场的班组管理能力薄弱，各种异常频发，那么即使应用 MES 做出了详细的工序作业计划，也无法执行。

综上所述，MES 就是上层的计划管理系统与底层的工业控制之间的连接中枢，主要起到车间生产管理和调度执行的作用。MES 与柔性生产计划制订和管理的协同主要体现在调度和执行上，制订详细的工序作业计划其实很难发挥作用。

6.5 APS 系统柔性生产计划管理的协同应用

APS 系统是 20 世纪 90 年代在美国开始流行的一个概念。它利用许多先进的管理规划技术，如限制理论（Theory Of Constraints，TOC）、作业研究（Operations Research，OR）、基因演算法（Genetic Algorithms，GA）、限制条件满足技术（Constraint Satisfaction Technique，CST）等，以系统模拟或数理规划等方式，在企业资源有限的条件下追求供给与需求间的平衡，以甘特图形式呈现详细的生产排程。

APS 系统主要针对以下几个方面的约束来进行生产排程规划。

- 商业规则的约束：环境保护的要求、客户服务水平的要求、供应商关系等。

- 财务的约束：投资回报率、产品边际效应、现金流量、现金流动比率等。

- 物料的约束：原材料、半成品和产品的库存水平与供应等。

- 生产资源的约束：设备、生产线、人员、工装、夹具等。

- 物流的约束：仓储、物流、运费及折扣条件等。

APS 系统的计划引擎主要有以下几类。

- 基于约束理论的计划引擎：识别企业生产制造资源的瓶颈，设置生产作业的优先权，按照瓶颈进行排产。

- 启发式计划引擎：采用线性规划等数学模型，使用启发式优化算法计算最优解，并应用运筹学支持计划流程，使生产计划的制订更加合理、执行更加有效。

- 智能计划引擎：采用人工智能和专家系统来制订生产计划并进行排程。

APS 系统应用的主要业务场景如下。

（1）企业 S&OP 管理流程系统

- APS 系统会从 S&OP 管理流程的战略规划层次开始应用，将企业未来
  3～5 年的经营战略发展规划导入 APS 系统，以便把握后续的销售方向
  和目标管理控制。

- APS 系统在 S&OP 管理流程的战术展开层面起到约束的作用，特别是能
  够针对外部需求的财务和商业规则方面的约束状态进行识别，以便后续对
  生产排程做出更加合理的规划。APS 系统的应用要与企业年度 SP、月别
  MDS，以及 ATP 销售业务管理和月别 SP 的集成相结合，通过应用 APS
  系统智能计划引擎，来做好需求端的约束规划。

- APS 系统在 S&OP 管理流程的战术层面发挥系统模拟或数理规划的作用，
  采用基于约束理论的计划引擎和启发式计划引擎，对企业的生产能力和客
  户需求端的负荷情况逐级进行模拟验证，特别是在 MPS 的平准化展开、
  MRP 的物料约束验证、生产线和设备的生产能力约束计算等方面，APS
  系统均可以发挥重要作用。

- APS 系统在 S&OP 管理流程的战术执行层面可以通过 MES 或者 ERP 系
  统反馈回来的生产作业计划执行情况，特别是针对内部生产运营管理中出
  现的异常和损失对生产作业计划的影响，快速地再测算、再模拟，即时地
  调整策略。

（2）根据需求优先级建立业务场景

在 APS 系统中可以对需求的优先级进行设置，并建立相应的业务应用场景。需求优先级的设置需要考虑的变量和参数如下：

- 交付期限；
- 净利润；
- 客户等级；
- 订单的紧急程度；
- 项目的价值；
- 有配置的预测项目；
- 无配置的预测项目。

APS 系统与柔性生产计划管理的协同应用如下。

- APS 系统是一个单独的智慧型的测算系统，主要功能是针对各种约束进行生产排程规划，可以作为 ERP 计划管理体系的延展，在对需求端的财务和商业规则等方面的约束上发挥协同作用，以便更好地优化需求端。
- APS 系统采用基于约束理论的计划引擎和启发式计划引擎，可以对客户需求和企业生产作业资源的负荷进行平准化的模拟验证，输出更加合理、高效的 MPS。
- APS 系统基于物料和生产能力的约束，其模拟验证的逻辑就是 MRP 和 CRP。因为进行 MRP 和 CRP 的测算需要应用 BOM、工艺路线、标准工时、库存信息等数据，这些数据在 APS 系统中是没有的，需要从 ERP 系统或者 MES 中去调用。所以，从系统集成应用和投资效益方面考虑，还是直接应用 ERP 系统的 MRP 和 CRP 功能为佳。

- APS 系统在对计划进行即时调整方面存在局限性。期望通过 APS 系统的及时调整计划功能，来更好地指挥生产现场及做好柔性生产计划管理协同不太现实。生产现场有可能发生各种异常，期望通过 APS 系统对生产现场发生的各种异常做出反应是没有必要的，因为这是无法实现的事情。针对生产线、作业者、设备、换产、物料供应能力和现场班组管理能力等方面，加强生产现场的柔性能力建设，控制和减少各种异常造成的影响和损失，以及针对生产现场的各种异常和损失在制造产能的柔性设定方面留出缓冲空间，才是应对现场异常对生产计划排程产生冲击的有效手段。

综上所述，APS 系统作为一个独立的针对各种约束进行生产排程优化的软件，在需求约束和 MPS 的平准化规划方面可以发挥更大的作用，在柔性生产计划的制订和管理方面可以发挥出集成和协同的重要作用。

附录：中英文对照术语表

A：

可承诺量（Available To Promise，ATP）

按照订单装配 (Assemble To Order，ATO)

高级计划与排程（Advanced Planning and Scheduling，APS）

B：

物料清单（Bill Of Material，BOM）

计划遵守表现（Build To Schedule，BTS）

C：

作业循环时间（Cycle Time，CT）

能力需求计划（Capacity Requirements Planning，CRP）

计算机辅助制造（Computer Aided Manufacturing，CAM）

客户关系管理（Customer Relationship Management，CRM）

限制条件满足技术（Constraint Satisfaction Technique，CST）

D：

相依需求（Dependent Requirement）

E：

按照订单设计、制造（Engineering To Order，ETO）

经济批量法（Economic Order Quantity，EOQ）

企业资源计划（Enterprise Resource Planning，ERP）

G：

基因演算法（Genetic Algorithms，GA）

I：

工业工程（Industrial Engineering，IE）

库存滞留表现（Inventory Dollar Days，IDD）

K：

关键绩效指标（Key Performance Indicator，KPI）

M：

时间测量法（Methods of Time Measurement，MTM）

时间模特法（Modular Arrangement of Predetermined Time Standards，MODAPTS）

设备作业循环时间（Machine Cycle Time，MCT）

主需求计划（Master Demand Schedule，MDS）

主生产计划（Master Production Schedule，MPS）

物料需求计划（Material Requirement Planning，MRP）

订单式生产（Make To Order，MTO）

备库式生产（Make To Stock，MTS）

制造资源计划（Manufacturing Resources Planning，MRPII）

制造执行系统（Manufacturing Execution System，MES）

国际制造执行系统协会（Manufacturing Execution System Association，MESA）

O：

设备综合效率（Overall Equipment Effectiveness，OEE）

作业研究（Operations Research，OR）

P：

预置时间法（Predetermined Time System，PTS）

过程循环时间（Process Cycle Time，PCT）

零件信息表（Plan For Every Part，PFEP）

车间作业计划（Production Activity Control，PAC）

产品和数量之间的关系（Product Quantity，PQ）

帕累托（Pareto）

产品工艺路线相似性（Product Routing，PR）

R：

粗能力计划（Rough-cut Capacity Planning，RCCP）

S：

销售计划（Sales Plan，SP）

生产日历（Shop Calendar，SC）

单分钟换产（Single Minute Exchange of Die，SMED）

供应商开发工程师（Supplier Development Engineer，SDE）

供应商质量工程师（Supplier Quality Engineer，SQE）

销售和运营计划（Sales & Operation Plan，S&OP）

供应商关系管理（Supplier Relationship Management，SRM）

T：

节拍时间（Takt Time，TT）

层级会议（Tiers Meeting），简称 T 级会议

延迟交付表现（Throughput Dollar Days，TDD）

限制理论（Theory Of Constraints，TOC）

全员生产维护（Total Productive Maintenance，TPM）

全面质量管理（Total Quality Management，TQM）

W：

工作因素法（Work Factors，WF）

参考文献

[1] 门田安弘. 新丰田生产方式 [M]. 王瑞珠，译. 保定：河北大学出版社，2001.

[2] 欧几里德·A. 科英布拉. 物流与供应链改善 [M]. 郑玉彬，宋殿辉，等译. 北京：机械工业出版社，2016.

[3] 李东升. 标准作业 [M]. 北京：中国计量出版社，2006.

[4] 青木三十一. 图解经营计划制定方法 [M]. 于广涛，译. 北京：科学出版社，2003.

[5] 王玉荣. 瓶颈管理 [M]. 北京：机械工业出版社，2002.